Manfried Fischer

„Land in Sicht!"

Gedanken zum Weltgeschehen aus dem Krähennest eines Seglers

„Land in Sicht!“

Gedanken zum Weltgeschehen aus

dem Krähennest eines Seglers

von

Manfried Fischer

Rediroma-Verlag

Bibliografische Information der Deutschen Nationalbibliothek:
Die Deutsche Nationalbibliothek verzeichnet diese Publikation in der Deutschen Nationalbibliografie; detaillierte bibliografische Daten sind im Internet über http://portal.dnb.de abrufbar.

ISBN 978-3-98527-677-6

www.rediroma-verlag.de
10,80 Euro (D)

Widmung

Dieses Buch widme ich meinen Enkeln

Lara, Jakob, Alica, Valerie, Felix, Jonas

und in Memoriam Markus

mit dem Wunsch, dass es ihnen

und ihrer Generation gelingt,

das Raumschiff Erde aus den gegenwärtigen Strudeln

wieder in eine lebenswerte Zukunft zu lotsen.

Inhalt

Der Kladderadatsch.

Statt eines Prologs.

HEUTE, am sechzehnten März, da ich diesen Text zu schreiben beginne, befindet sich der Planet Erde im ***2022sten Jahr des Heils*** *nach Christi Geburt; der deutsche Bundeskanzler hat vor wenigen Tagen von einer Zeitenwende gesprochen, deren Eintritt von der Geschichte vermutlich mit dem 24. Februar notiert werden wird, dem Tag, an dem Putin die Ukraine überfiel. Der Autor, das sei am Rande vermerkt, steht in seinem 88sten Lebensjahr, das er, nach einer weitgehend glücklichen Reise durch nicht immer ruhiges Gewässer, friedlich und heiter zu beenden gedachte.*

Doch ***von Heil*** *ist weit und breit nichts zu sehen, ganz im Gegenteil: seit Beginn dieses Jahrzehnts jagt* ***ein Unheil*** *das andere, jedes neue darauf erpicht, seine Vorgänger noch zu übertrumpfen, und das mit durchschlagendem Erfolg. Das Unvorstellbare ist zu tödlicher Realität geworden: wir befinden uns plötzlich im Krieg, und das gleich nebenan, Russland hat die Ukraine überfallen, seit nun schon vier Wochen tobt pure Gewalt mittels modernster Waffen, ohne Rücksicht auf die Zivilbevölkerung, doch der Verursacher Putin, der sich offenbar in den Kopf gesetzt hat, das großrussische Reich der UDSSR wieder neu zu errichten, verbietet es, das Wort Krieg in seinem Land auszusprechen, belegt das gar mit hohen Freiheitsstrafen.*

Selbst der Einsatz von Atomwaffen ist von Putin schon angedroht worden, und nach allem, was dieser Wahnsinnige schon bisher ins Werk gesetzt hat, ist ihm auch das zuzutrauen.

Die westliche Welt steht Kopf, sieht entgeistert dem teuflischen Treiben zu, muss aber das grausame Spiel mitspielen, um selbst nicht den Atomkrieg zu riskieren, den die Welt fürchtet, wie der Teufel das Weihwasser – zum Glück, denn das scheint zur Zeit die einzige Barriere zu sein, die noch einen dritten Weltkrieg verhindert, dann mit unabsehbaren Folgen.

Nun, auch dem kleinen Dorfchronisten, der sich seit seinem Zuzug nach Bernried im Jahr 2005 im reifen Alter von 71 Jahren im Wesentlichen zu seinem eigenen Vergnügen und ohne amtlichen Auftrag mit der filmischen und literarischen Berichterstattung über die mannigfaltigen Ereignisse seines kleinen, überaus schmucken Dorfes *Bernried am Starnberger See* beschäftigt hat – übrigens eineinhalb Jahrzehnte mit viel Freude oder doch wenigstens mit Befriedigung – hat es die Sprache verschlagen; seine Sprache, an der er so gerne herumgedrechselt hat, um seinen Lesern etwas *von der Freude zu schenken,* die er selbst daran hatte, eine Mischung von Sachtreue mit einem Schuss Heiterkeit garniert, so wie er sich ein Leben lang mit den vorwiegend heiteren Seiten seines Lebens beschäftigt, ja sie zu seinem Lebenszweck hoch zu stilisieren versucht hat: immer entlang der Sprache, die er nach wie vor für die größte Errungenschaft der Menschheit hält.

JETZT, da alle Gazetten, Funk und Fernsehen sowie die erst seit Beginn des dritten Jahrtausends neu hinzugekommenen sogenannten „Sozialen Medien" alles in ihren Möglichkeiten Gegebene zu einem oft ungezügelten Informationszirkus beisteuern, scheint seine „Dorfchronisten-Stimme“ aber entbehrlich zu sein, so empfindet er es jedenfalls selbst.

Doch da lagen ja noch ein ganz Reihe halbfertiger Projekte, oft auch nur Stichwortsammlungen, auf dem Schreibtisch herum, die ich mindestens teilweise noch zu verarbeiten gedachte, die inzwischen von der brutalen Alltags-Aktualität zu unbedeutenden Petitessen herabgewürdigt worden waren, obwohl sie an sich und für mich, jedenfalls in meinen Augen, doch von höherer Bedeutung waren als die tägliche Chaos-Berichterstattung. So etwa die Frage an mich selbst, wie denn die Reise von mir zu charakterisieren sei, an ihrem absehbaren Ende. Zugegeben: das ist für Außenstehende weniger gewichtig, aber wenn man sich auf eine Position begibt, von der aus der/die/das Einzelne im Ganzen aufgeht und aufscheint – und genau so scheint das Weltgefüge ja konstruiert zu sein – dann rückt die **Frage nach dem Heil** ganz schnell in das Zentrum, und damit auch ein Deutungsversuch dieses Autors Manfried Fischer, vielleicht einen Beitrag zu leisten zu den Erscheinungsformen des Menschlichen, der für spätere Experten einmal wertvoll werden könnte.

Ergebnis: statt es mit dem Teufel und seinen irdischen Emanationen literarisch aufzunehmen, was absolut zeitgemäß wäre, drängt es mich jetzt genau in die enzgegengesetzte Richtung: **Die Suche nach dem Heil für den Planeten** scheint mir wesentlich und weit wichtiger zu sein.

Zuvor noch eine kurze Bemerkung zu dem für mich nicht unwichtigen Thema: *Sprache.* Entgegen dem Ernst der derzeitigen Weltlage will ich versuchen, die Lage nicht so ernst zu nehmen, wie ich sie selbst empfinde. Martialisch genug ist die auf jeden Fall, umso mehr möchte ich meine Lebens-Bilanz, die ich hiermit zu ziehen versuche, nicht auch noch mit Kriegerischem in der Sprache belasten, denn so war mein Leben ja glücklicherweise nicht.

So bitte ich auch um Nachsicht, wenn ich dem Theater, dem ich schon bisher bei sich bietender Gelegenheit versucht habe, meine Referenz zu erweisen, auch hin und wieder sprachlich nahe rücke, was auch meine Sicht der Welt als Theater, mindestens als *„Divina comedia"* zum Ausdruck bringen soll.

Allerdings habe ich mich nach langer innerer Zwietracht dazu durchgerungen, den ursprünglich angedachten komödiantischen Ansatz im Abschnitt *Von den Freuden des Segelns* angesichts des Ernsts unserer Lage als Gattung Homo Sapiens weitgehend zu kürzen und einem eigenen Buch vorzubehalten.

Ebenso lässt es sich in diesem Genre kaum vermeiden, dass die zu durchmessende Wegstrecke sich gelegentlich etwas holprig erweisen wird, denn es handelt sich eben um ein *Mixtum Compositum,* anders ausgedrückt, dass die Menüzusammenstellung weit mehr von den Umständen diktiert als an den Gaumenfreuden von Gourmets ausgerichtet worden ist.

Dafür habe ich auch gleich ein gutes Beispiel parat, mit dem ich deutlich machen will, dass in meinem Buch in Wirklichkeit mehrere Buchtitel vereinigt sind: so lief mein Projekt, zunächst lange unter dem Titel ***„Auf der Suche nach dem Stein der Weisen"***, was dem Kundigen enthüllen dürfte, worauf er sich einlässt: *es geht nicht um lukullische Präferenzen, sondern letztlich um meinen Versuch, den Sinn meines/unseres Daseins zu deuten.*

Damit sei auch ein kleiner Hinweis gegeben: es könnte sich als nützlich erweisen, für einen gelegentlichen Schluck auf die so vielfältigen Überraschungen der ***Divina Comedia*** stets etwas Trinkbares zur Hand zu haben! Denn das bairische „Abischwoabn“ dürfte sich mit hoher Wahrscheinlichkeit als gute Empfehlung in wie auch immer gearteten Notfällen erweisen.

Kladderadatsch bedarf als Stichwort vielleicht noch einer kleinen Steighilfe; es ist ja ein inzwischen weitgehend ungebräuchliches Wort, verdrängt von Tohuwabohu, Chaos oder eben Durcheinander-Gewürfeltes. Ich habe es gewählt, weil es für mich die Bedeutung vermittelt: Zusammenbruch von allem bisher Bestehenden, Erreichten, und zwar im privaten wie im öffentlichen Bereich, eben wie ein Kartenhaus: ich fühle mich von den Verbrechen dieses Krieges buchstäblich zerschmettert, um meine Zuversicht betrogen, dass die bisher scheinbar so erfolgreiche Evolution eine weiterhin aufwärtsgerichtete Tendenz für die Gattung Homo sapiens bereithält und diese selbst dabei begreift, dass es ganz speziell auf sie ankommt, die ihr gegebenen Chancen zu nutzen, um **den Weg zum Heil** zu finden und zu beschreiten. Ich gestehe, dass meine Freude am Leben in bedenklicher Weise ins Wanken geraten ist, dass mich Depressionen heimsuchen und dass mein Aktions-Bedürfnis sowie meine Kreativität schwer gelitten haben, ja zeitweise praktisch zum Erliegen gekommen sind.

So ist es denn eher ein Akt der Notwehr, das dramatische Geschehen mit weltgeschichtlicher Bedeutung, das ich ohnehin nicht beeinflussen kann, aus meiner Betrachtung weitgehend auszuklammern und mich auf mein ursprüngliches Vorhaben zu besinnen, ein sehr persönliches Fazit zu meinem weitgehend gelebten Leben zu ziehen, und das speziell aus der Sicht des Seemanns, den Beruf, den mir meine Vita verweigert – oder auch erspart – hat, der mich aber als Hobby begleitet und auch geleitet hat.

Langer Rede kurzer Sinn: Ein neuer Buchtitel war plötzlich geboren:

„Land in Sicht“

Gedanken zum Weltgeschehen aus dem

Krähennest eines Hobby-Seglers.

Ich hoffe, damit auch meinen nautisch nicht versierten Lesern einen nicht alltäglichen Blickwinkel bieten zu können, der für *Landratten* Lehrreiches aus dem Bereich der ältesten Zunft der Menschheit zu bieten hat. Aber keine Angst, eine Umrundung des *Cap Horns* ist nicht im Programm vorgesehen!

Vorsichtshalber möchte ich aber doch vorausschicken, dass es sich nicht um ein Lehrbuch für Segler handelt, dass der Begriff Krähennest lediglich als Ausdruck für die Wahl eines um ein paar Meter erhöhten Standpunkts verwendet wird, der für eine sichere Navigation durchs Wasser wie durchs Leben von entscheidender Bedeutung sein kann. Näheres dazu findet sich im Kapitel: ***Seemanntisches.***

Zunächst startet mein Schifflein wie es sich gebührt mit der Antike, mit der auch mein Lebens- und Bildungsweg begann.

Kapitel 1

Stein der Weisen

In meinem Prolog erwähnte ich es schon: ursprünglich sollte mein Buch den Titel bekommen: *Auf der Suche nach dem Stein der Weisen*; doch Corona und der Balkankrieg haben diesen „harmlosen Titel" erbarmungslos hinweggefegt. Als Kapitel-Überschrift mag er aber noch vertretbar sein, denn es geht ja doch um eine Lebensbilanz, und somit um nichts Geringeres als das Ergebnis einer lebenslangen Suche eben nach diesem Fiktum: Stein der Weisen.

Es wird wohl niemand wirklich überraschen, wenn ich die Behauptung aufstelle, dass die beste Charakterisierung für das in unserer Lebensreise zu Leistende mit dem Wort „SUCHE" umschrieben ist, damit allerdings mindestens sprachlich auch mit dem Begriff SUCHT nahe verwandt ist.

Suchen beschreibt den Vorgang, der in aller Regel auf den Zustand folgt, dass etwas fehlt, was eigentlich mehr oder minder dringend vermisst, weil eben gebraucht wird: von der Brille über den Autoschlüssel bis zum Geldbeutel, vom Osterhasen über das Christkind bis zum Lebenspartner, von der Liebe über das Glück bis zur Weisheit, von der Freude über die Vollkommenheit bis zur Ganzheit; dann, natürlich mit gebührenden Abstand: zum *lieben Gott*, je nach Einschätzung als großem Zampano, als Schöpfer der Welt, als absolutem Geist.

Den *Stein der Weisen* als Bezeichnung für diese Suche nach dem Glück mag man in dieser Aufzählung vermissen, er ist in der Tat auch schwer fassbar, wohl eher als Ausdruck oder Oberbegriff *für Suchen* generell im Gebrauch, aus meiner Sicht allerdings auch schon mit dem Odium des *„gibt es vermutlich gar nicht"* behaftet. Ohne in das weitläufige Thema der Alchemie vordringen zu wollen, sei zumindest erwähnt, dass Interessierte vielleicht dort fündig werden können. Ob sie dabei allerdings die Kunst erlernen, aus Materie Gold machen zu können, wage ich zu bezweifeln; immerhin wird es aber immer wieder mit hoher Energie versucht.

Erst in den letzten Jahren hat die offenkundige Renaissance der griechischen Philosophie die bei mir weitgehend vertrockneten schulischen Quellen wieder in Fluss und damit so mancherlei Gestrüpp zu erneutem Blühen gebracht. Im Ergebnis und in knappster Form zusammengefasst: wenn bei mir etwa irgendwo im Kontext zum *Verlust der Mitte und dem Verfall unseres Wertsystems* die Alarmglocken schrillen, dann habe ich da inzwischen eine ziemlich konkrete Vorstellung davon, was uns da gerade an geistigen Schätzen aus der Antike verlustig geht und mein Herz trauert wie das der Iphigenie auf Tauris. Darauf werde ich noch einmal zurückkommen.

Mit diesem Stichwort sind wir zwar nicht auf Tauris, aber bei Goethe, der zwar relativ spät, dann aber zu einem glühenden Hellenisten wurde. Dem nachzugehen wäre durchaus buchfüllend; in meinem Zusammenhang will ich aber nur ein Faktum aus seiner Entwicklung herausgreifen, das dafür aber doppelt das Steinthema berührt, und das nicht nur so an den Haaren herbeigezogen als eine gebührende Verbeugung vor dem großen Meister, nein, vielmehr als Volltreffer ins Ziel-Gebiet *Weisheit* führt.

Zum ersten geht es um eine von Goethe entworfene Steinplastik, die auch heute noch in Weimar im Park an der Ilm in der Nähe seines Gartenhauses zu bewundern ist. Er hat sie ***Stein des guten Glücks*** *genannt,* privat meist in Altgriechisch: *agathe tyche, also gutes Schicksal, gute Fügung. Tyche* ist in Goethes Lebensphilosophie eine Leitidee für die dualen Pole Festigkeit und Stabilität einerseits, dargestellt in einem steinernen Kubus, und Flexibilität, dargestellt in der dem Kubus aufliegenden Kugel andererseits. Mir kommt da aus der Schulzeit, in der ich freilich die Bekanntschaft mit der *agathe tyche* noch nicht machen durfte, die Lektion von dem Parallelogramm der Kräfte in den Sinn, die ich damals noch nicht richtig verstanden habe. Ich übernehme aber gern die Deutung von Joachim Kahl aus dem Internet, dass sich seine Leitidee aus dem biographischen Umfeld in dessen Liebesbeziehung zu **Charlotte von Stein** herleitet, die sich in über 1700 Briefen niedergeschlagen haben soll.

Damit ist aber nur der Teil "Stein" aus der bekannten Redensart angesprochen; von Weisheit war dabei noch gar nicht die Rede! Sich damit zufrieden zu geben wäre freilich in meinen Augen ein grobes Versäumnis, denn in diesem mysteriösen Stoff "Weisheit" liegt nach meiner Ansicht und Deutung das Gold vergraben, das so fieberhaft gesucht wird.

NUN: Mit „Weisheit" als Begleiter oder gar als Weg-*weiser* (!!!) befinden wir uns schon mittendrin im Mysterium des Daseins, am Anfang, im Mittelpunkt oder auch am Ende jeglicher Philosophie aller Zeiten und aller Religionen. *Freunde der Weisheit,* ***„das weis Gott"***, so lautet vielleicht die beste und erschöpfende Bezeichnung der Dame mit dem schönen Namen Sophia, die ja oft auch als die weibliche Emanation Gottes beschrieben wird: siehe „Hagia Sophia".

Ich habe in meinen Texten schon öfter eine Bibelstelle herangezogen, die in Anbetracht des so lebensfüllenden Themas eine weitgehend unbeachtete Episode erzählt, die den beiden weisesten Menschen der damaligen Welt zugeschrieben ist: König Salomo und der Königin von Saba, deren eigentlicher Namen nicht genau überliefert ist.

Diese Episode habe ich in meinem Buch *Die Königin von Saba* ausführlich erzählt; wer will möge sie dort nachlesen. Sie hier noch einmal wiederzugeben, erscheint mir verzichtbar, da sie ja nur narrativen Charakter hat.

Bevor ich hier nun die immer weiter ausufernde Suche nach dem Stein der Weisen abbreche, verlangt noch ein kleines amüsantes Zwischenspiel nach Aufmerksamkeit. Es geht dabei, etwas großzügig interpretiert, auch um Steine, die aber genau besehen keine sind, obwohl sie so heißen. Diese allerdings hatte ich sehr wohl auf meiner Rechnung in der Hoffnung, damit eine schmerzhafte Lücke in meinem Weltbild schließen zu können.

Kapitel 2

Bernried und die *missing stones*.

Es ist zwar eher unwahrscheinlich, dass in deutschen Landen noch jemand lebt, der nichts mit Bernried am Starnberger See anzufangen weiß, trotzdem will ich kurz umreißen, was er in diesem Fall versäumt: es ist eines der schönsten Dörfer in einer der schönsten Gegenden Deutschlands (Pfaffenwinkel), mehrere Male hochdekoriert mit der amtlichen Auszeichnung „Schönstes Dorf Deutschlands." Gelegen am Südwest-Ufer des Starnberger Sees, dessen Gestade noch die einzigen am bayerischen Fürstensee sind, die den Ansturm der Münchner auf die begehrte Lage am See noch weitgehend unbeschadet überstanden haben und unverbaut erhalten geblieben sind. Das ist weniger einer hochmögenden Verehrung in der Vergangenheit zu verdanken, sondern einer eher bescheiden gehaltenen Entwicklung des Klosterdorfs, - vermutlich sogar des einzigen Klosterdorfs in Bayern oder sogar Deutschland, dessen Kloster seit einigen Monaten im Besitz der Gemeinde ist. Dafür hat es aber neben dem jüngsten in Bayern gebauten Schloss einer leicht verrückten Amerikanerin, die sich auch gern *the last Queen of Bavaria nennen ließ,* ein inzwischen weltbekanntes Museum für Phantasie (Buchheim-Museum), zwei Parks, eine umfangreiche Palette an Lokalitäten für fast alle Veranstaltungen jeder Art und Größe einschließlich einer dazugehörenden Infrastruktur für Feiern aufzuweisen, gerüstet auch für die Anforderungen einer behutsamen Steigerung in den nächsten Jahrzehnten.

Bernrieds 900 jähriges Gründungs-Jubiläum, richtiger die Urkunde seiner Ersterwähnung als Klosterstiftung im Jahr 1120, sollte dementsprechend eigentlich groß begangen werden, doch wurde die Feier angesichts des Einbruchs der weltweiten Corona-Seuche erst auf das Jahr 2021 verschoben, dann auch da nur scheibchenweise, aber mit viel Fantasie und Flexibilität erfolgreich durchgezogen. Der Autor dieses Essays ist selbst erst vor siebzehn Jahren in Bernried zugezogen, hat sich dort als „Jungpensionär" als filmender und schriftstellender Dorfchronist ohne Bestallung noch Budget etabliert, hat inzwischen aber altershalber seine Aktivitäten weitgehend eingestellt.

Allerdings hat er mit viel Emphase versucht, Bernried noch zu einer „Aufhübschung" seines Namens zu verhelfen, was aber leider nicht – oder sollte ich sagen: noch nicht? – erfolgreich war; immerhin soll der Versuch hier wenigstens dokumentiert werden, denn *was nicht ist, kann ja noch werden.* Jedenfalls ist die Materie meines Erachtens noch heiß, vor allem aber ist sie so interessant, dass meine Leser, wie ich hoffe, für ihr Wissen um die Vergangenheit des Ortes, in dem sie womöglich sogar leben, Nutzen ziehen können.

Hierzu biete ich einen kleinen Auszug aus meinen Recherchen zu zwei Themen an: Dem Bernstein und seinen Spuren sowie dem lokalen Umfeld an seinen Transportwegen und Möglichkeiten.

Vermutlich hat sich mancher meiner Leser als Kind einmal an den hübschen Steinen erfreut, die milchig oder gar durchsichtig an einer Kette um den Hals getragen werden können und häufig im Inneren einen sog. Einschluss, etwa eines Insekts aufwiesen. Hart wie Stein, aber leicht wie Bims, waren es gar keine Steine, sondern Harztropfen, die durch den Druck des Wassers, in das sie unter Umständen schon vor Millionen von Jahren gefallen waren, versteinerten, bevor sie durch Naturkräfte (Sturm, Schneeschmelze oder auch vulkanische Einwirkungen) wieder an die Oberfläche gelangten. Ein Ferienaufenthalt an der Nordsee oder Ostsee mit dem dort obligaten Sammeln von Bernsteinen dürfte ihnen dann sicher im Gedächtnis geblieben sein.

Wer sich etwas mehr für dieses „Gold der Meere“ interessiert hat, lernte dazu auch noch, dass diese Steine schwimmen können, zumindest im Salzwasser und, noch erstaunlicher: brannten, wenn man sie anzündete. Daher stammt auch ihr Name, denn zunächst nannte man sie Brennsteine. Im Mittelalter machten sie eine tolle Karriere, waren lange fast so wertvoll wie Gold oder viele andere der wertvollsten Edelsteine. Da und dort wurden sie von Tauchern unter Wasser abgebaut, denn die Nachfrage in mindestens der halben Welt war riesig: vor allem in den zivilisierten Kulturen rund um das Mittelmeer war Bernstein nicht nur als Schmuck, sondern auch als Verzierung für Prachtbauten sowie als Heilsteine in medizinischen Anwendungen gefragt; das „Bernsteinzimmer“ mag als Beispiel genügen.

Noch interessanter aber finde ich die Tatsache, dass Bernsteine schon im Altertum als Handelsware galten, die wie Seide, Salz oder Gewürze regelmäßig von Nord nach Süd transportiert worden sind, dass die Straßen, auf denen die damals üblichen Karrenwagen ihre Waren in Karawanenzügen bewegten, sogar die Bezeichnung „Bernsteinstraßen“ trugen, und das schon weit vor der Römerzeit, in der dann diese Straßen erst als Heerstraßen vom bisherigen Schmalspurbetrieb auf für die römischen Legionen gemäße 5-Meterbreite ausgebaut wurden. So wie Kaiser Augustus nach der Schlacht im Teutoburger Wald seinen Feldherren Varus verzweifelt aufforderte: gib mir meine Legionen zurück, so hat schon einige Jahre früher nach einer Notiz von Plinius dem Älteren Kaiser Nero seine Reiter an die germanische Küste geschickt mit dem Befehl, Bernstein nach Rom zu bringen. Ob er die Brennsteine haben wollte, um damit seine Stadt anzuzünden, ist allerdings nicht überliefert; *möglich* - das ist mein ceterum censeo – ist alles…

Jetzt wird's noch spannender: diese Bernsteinstraßen von der Ostsee zum Mittelmeer, auf denen vor allem die Alpenüberquerung oder -Umgehung bewältigt wurde und wird, sind erforscht und weitgehend bekannt. Eine der drei wichtigsten Routen führt dabei über den allseits wohlbekannten Brenner, dessen Namen wahrscheinlich auf die Brenn- oder Bernsteine zurückgeht. Auch der weitere Verlauf über Garmisch, Weilheim und Augsburg ist zweifelsfrei belegt und gleich hier um die Ecke, will sagen in etwa zehn km Entfernung von Bernried, ist bei Wielenbach auch heute noch die Spur der alten Römerstraße zu erkennen, die dort schnurgerade querfeldein nach Norden führt. Wer noch dazu auf die Namensgebung achtet, liegt oft richtig. So ist in der östlichen Bernsteinstraße im Österreichischen Weinviertel ein Ort zu finden, der, völlig unverschnörkelt, einfach als *Bernstein* firmiert, und auch in der westlichen Bernstein-Straße taucht mit der Hauptstadt Bern ein potenter Namenshalter auf; auch da geht es am großen und kleinen St. Bernhard um die Alpenüberquerung, wo auch meine Lieblingshunde, die Bernhardiner zu Hause sind.

Wenn man dann in einer heutigen Straßenkarte Süddeutschlands die Orte markieren will, die diese Bernstein- oder Römerstraßen berührt haben, dann braucht man sich nur an die vielen Klöster halten, die dem Pfaffenwinkel seinen Namen gaben, denn diese waren zugleich meist auch die Remise-Stationen der Karawanen; und dann hat man schon eine recht brauchbare Karte der Handelswege des frühen Mittelalters, in dem ja auch Bernried erstmals genannt wird. Das offizielle Datum seiner Gründung ist aber unbekannt. Doch wird heute allgemein angenommen, dass es schon in der vorkarolingischen Zeit gegründet wurde, ebenso wie auch die meisten anderen namhaften Klöster seiner näheren und ferneren Umgebung.

Dafür spricht auch die Vermutung, dass dieser Ort schon damals von frühen Besuchern der Gegend als ausnehmend schön und lebenswert angesehen worden sein dürfte und mit dem See und dem Wildreichtum zum Bleiben auf Dauer einlud. Auch ist nur schwer vorstellbar, dass Graf Valley seine Klosterstiftung 1120 in einer menschenleeren Gegend ansiedelte, denn schließlich waren die Empfänger, die Augustiner-Chorherren, für die seelische Betreuung mehrerer Gemeinden zuständig, die sozusagen zu einer Art Pfarrverbund, wie wir das heute nennen würden, zusammengeschlossen waren. Ohnehin laufen wir ja gern in Gefahr, die damalige Zeit kursorisch als Gründerzeit anzusehen, doch de facto war die Welt da schon lange recht munter im Schwung, wenn man sich nur einmal vor Augen führt, dass der Bernsteinhandel in Mitteleuropa schon Jahrhunderte früher nachweisbar ist, oder erstrecht, wenn man von der Bauzeit der ägyptischen Pyramiden ausgeht, die auf die Zeit vor 2.750 vor Christus datiert wird. Dieses auch heute noch schier unglaubliche Datum allein wäre ein höchst interessanter Stoff für ein eigenes Kapitel: Wer hat diese Pyramiden gebaut, und vor allem: wie?

Und dies soll alles, so fragt man sich, schon so lange an Bernried vorbei gelaufen sein, und trotzdem sucht man den Namensgeber des Dörfchens immer noch im Dunkel der Geschichte, statt die Existenz des *Missing Links* **Bernstein** einfach zu unterstellen, auch wenn dieses noch nicht *in corpore in der Gegend* in Erscheinung getreten ist. Denn Fakt ist, dass in der der unmittelbaren Umgebung noch keine Fundstellen nachweisbar sind.

Aber halt: da bin ich bei meinen Recherchen doch noch so halbwegs fündig geworden, nicht gerade durch eine vom Himmel gefallene *Scheibe von Nebra*, nein, viel näher ist man 1998 auf Gold und Bernstein gestoßen, in einem Ort mit dem bezeichnenden Namen *Bernstorf,* heute einem Ortsteil von Kranzberg an der Amper, etwas westlich von Freising, inzwischen als die größte bekannte bronzezeitliche Befestigung nördlich der Alpen auch wissenschaftlich anerkannt, nachdem man sich zwei Jahrzehnte heftig fachlich und juristisch herumgestritten hat, ob die - noch dazu von Hobby-Archäologen aufgespürten (!) - Funde nicht nur gute Fälschungen seien. Dabei heißt es schon in einer alten Sage, der *Berg von Bernstorf berge* eine versunkene Stadt. Unter den Funden dort befindet sich unter anderem ein modelliertes Gesicht aus Bernstein, das Texte in mykenisch-griechischer Schrift enthält. Inzwischen werden diese Funde nach eingehenden Untersuchungen als eindeutige Belege für den Handel mit Bernsteinartefakten im Mitteleuropa der mittleren Bronzezeit notiert und anerkannt.

Das bedeutet aber nicht, dass dieser Fundort Bernstorf auch die Gegend markiert, wo der Bernstein gewachsen ist, etwa gar aus dem nahen Ammersee!? Experten erklären aber, dass es durchaus möglich ist, dass Bernstein im Binnenland „gedeiht“, wenn die entsprechenden natürlichen Voraussetzungen gegeben sind. Das beweist auch, dass erst 1974 in der Nähe von Leipzig im Braunkohlerevier Bitterfeld die angeblich größte Bernsteinlagerstätte der Welt entdeckt und industriell abgebaut wurde, allerdings inzwischen im Zusammenhang mit dem Braunkohleabbau wieder eingestellt wurde.

Schade eigentlich, dass mein Kapitel Bernstein somit ein mindestens vorläufig unbefriedigendes Ende findet und es mir versagt bleibt, meiner heimlichen Geliebten, der *deutschen Dorf-Schönheitskönigin Bernried am Starnberger See*, nicht noch zu ihren diversen Goldmedaillen ein amtliches „Wapperl" mit der Bestätigung ihrer *Zugehörigkeit zur Gattung der edelsteinbasierten Namensträger* zuschanzen zu können. Und schade auch, dass somit die *mythologischen Hintergründe* der Bernstein-Geschichte, die in den Metamorphosen des Ovids verewigt sind, nicht mehr in den Rahmen meines Essays passt. Interessenten seien aber auf das Stichwort verwiesen, unter denen sie fündig werden können: *Die Tränen der Heliaden,* mit denen sie wieder bei den alten Griechen landen und dort wieder auf viele weitere ungelöste Fragen um *Götter, Gräber und Gelehrte* treffen. Ich selbst würde mich gar nicht wundern, wenn dort bei ganzheitlicher Betrachtung im Zeichen des aufstrebenden Holozäns eines Tages die Existenz eines verbreiteten Sonnengott- Kults um Helios ans Licht käme, in dem auch die ägyptische Götterwelt ihre Entsprechung und vielleicht ja auch die Bernsteingeschichte ihr Plätzchen fänden. Mit diesem Gedanken erlaube ich mir, zum Abschluss dieses Kapitels, meinen Sonnengesang *„Morgen am Teide"* anzufügen, der sich mir freilich jenseits der Säulen des Herkules in den Kanaren darbot, wo man hinwiederum gern den Untergang von Atlantis vermutet, was durchaus noch in dieses Szenario der versunkenen Reiche hineinpasste.

Bei diesem nicht so ganz zufriedenstellenden Ergebnis meiner Suche sollte aber wenigstens nicht untergehen, was dabei auch ans Tageslicht kam: Bernstein gilt **in der Heilkunde** von alters her als Schutzstein, als Stein der Lebensfreude und des Optimismus und fördert damit die Flexibilität sowie die Entscheidungsfreude. Gleichzeitig sorgt er angeblich für *innere Gelassenheit und Friede,* womit wir wieder bei den Stoikern gelandet wären. Für uns hat sich das jedenfalls auf unseren Reisen auf eigenem Kiel reichlich erwiesen, selbst wenn wir dabei nicht so einen hübschen Klunker um den Hals getragen haben.

Ganz vergessen habe ich jetzt aber, dass es ja noch eine bedeutende Abnehmerschaft für Bernsteine gab: die Rosenkranz-Macher, hinwiederum als unvermeidliche Anhängsel der Klöster und vor allem Wallfahrtskirchen, wozu ja auch Bernried einige Jahrhunderte beigetragen hat. Die wundersame Geschichte von der *„liab woanad Frau", der angeblich angeschwemmten Madonna,* hat sich ja bis heute in den Bernrieder Kirchenführern gehalten.

Inzwischen scheint der Bernsteinboom allerdings weitgehend beendet zu sein, nachdem die vermeintlichen Edelsteine als „billiges Harz" entlarvt worden sind und heute überwiegend bei der Herstellung edler Lacke Verwendung finden. In der Bootsbau-Branche, die da in erster Linie verdächtigt werden könnte, habe ich allerdings keine Spuren aufdecken können.

Wie dem auch sei, so ist es ja auch eine offene Frage, ob ein „Bernsteinried" so viel besser klingen würde angesichts der Prominenz, die sich das bescheidene Klosterdorf in Bayern und darüber hinaus auch ohne den Bernstein-Hintergrund inzwischen erworben hat.

Bevor ich nun mit Dir, lieber Leser, die wenigen Tritte zum Krähennest meines (ehemaligen) Schiffes *Tom Dooly* III hinaufklettere, drängt es mich, meinen Abschied vom antiken Hellas noch mit ein paar Sätzen zu kommentieren.

Es ist schon ein etwas schmerzlicher Abschied, denn es ist nicht nur das Verlassen des geistigen Vaterlands, dessen Bildung ich genossen habe und dessen Werte für mich sozusagen für ewig in Stein gehauen schienen. Die Suche nach dem Stein der Weisen mag vordergründig nichts Greifbares ergeben haben – na ja, auch des Moses Tafeln, die er vom Berg Sinai herunter geschleppt haben soll, sind ja beim ersten Mal in Scherben gegangen; die Griechen hätten den Vorgang übrigens Ostrakismos, d.h. Scherbengericht genannt, mit dem sie „unliebige Geister" loswerden konnten – doch die jetzige *„Zeitenwende, Zerfall und Verlust des Sinns"*, wie kürzlich eine unserer seriösen Zeitschriften *„Publik Forum"* über das antike Hellas getitelt hat, scheint mir vor allem eine selbst verursachte Folge der Kurzsichtigkeit unserer jetzigen vorherrschenden philosophischen Einstellung zu sein, mit der wir es – leider erfolgreich – geschafft haben, **die Materie** zum alleinigen, das heißt auch alleinseligmachenden Gott zu erheben. Meiner dennoch verbleibenden Hoffnung auf den **Sieg des Heils** habe ich denn auch inzwischen ein Motto gegeben, das die in meinen Augen verfahrene Situation einer tödlichen Sackgasse öffnen kann, ja muss, wenn die jetzige Gattung Mensch sich aus ihr befreien und zu einem neuen, tauglicheren Versuch aufbrechen will:

Vom Atom zum Holon. Oder: vom kleinsten Teilchen bis zum großen Ganzen.

Ein Richtungswechsel, man hört den Begriff jetzt häufig: also ein Paradigmenwechsel, und zwar um 180 Grad, was ja in der Nautik, die ab jetzt unsere nautische Wegfindung bestimmen soll, eine klare Wegweisung darstellt.

Und siehe da: das trifft sich gut, ist doch allen Klarsichtigen klar: der Materialismus war und ist schön und gut, aber er ist nur auf der untersten Stufe des Universums brauchbar und erfolgreich, eben da, wo unsere Sinne Materie, also *materialisierten Geist* erfassen, begreifen und messen können. Damit ist dann aber auch unser Latein gegenwärtig am Ende, sind die Physiker ratlos. Es ist höchste Zeit, sich mit der nächsthöheren Stufe der Evolution zu befassen, der Geist-Ebene.

Keine Angst, das ist im Prinzip nichts Neues, nur hat der Homo sapiens bislang noch nicht die Ausrüstung, also die Sinne oder „Sensoren“, um auf dieser geistigen Ebene mithalten zu können, oder jedenfalls nur „ansatzweise“. Immerhin besitzt er schon recht gute Anlagen, sonst könnte er sich z.B. in der Ebene der Sozialkontakte und der Kunst nicht schon so gut bewegen, wo es nichts mehr zu greifen, sondern allenfalls zu begreifen gibt: nennen wir sie schlicht die Gefühls- und Beziehungsebene. An erster Stelle, und dort auch weitgehend unbestritten, thront da ja schon seit jeher die Liebe, gefolgt nach meinem privaten Geschmack von der Musik, neben der Sprache eine der „Töchter aus Elysium“, die wir ja schon ganz gut beherrschen. Auch unsere Träume gehören zweifellos zum nicht materiellen Erbe unserer Natur.

Ganz zu schweigen von den Jahrtausende währenden spirituellen Gottes- oder auch Götterverehrungen allüberall, wo es Menschen gibt, ein Ozean an Mystik jeglicher Provenienz. Ich bin sehr überzeugt, dass in diesem Ozean ein unvorstellbarer Reichtum an Spiritualität zu finden wäre, wenn es eine Fähigkeit zur retrospektiven Wiedergabe für uns „verarmte Nachfahren“ gäbe.

Da ich als Schriftsteller ein gewisses Privileg zum Phantasieren genieße, will ich doch wenigstens andeuten, dass ich eine recht ergiebige Beziehung zu meiner Fannie pflege, die mich des Öfteren als *„geistige Beischläferin“* in schlaflosen Morgenstunden beglückt. Wie man vielleicht schon vermutet haben mag: ja, Fannie ist meine Phantasie, eine wunderbare Gefährtin aus dem Reich der Musen, die mir in verschiedenster Verkleidung erscheint und mich mit ihren zirzensischen Kunststücken begeistert. Es gab sie schon in meiner Jugend, wo ich manchmal nur ganz knapp vor einem Tapetenwechsel zu einem vorbeiziehenden Zirkus mit zumeist verführerischer Prinzessin zurückzuhalten war. Seit einiger Zeit ist diese Beziehung ganz deutlich intensiver geworden.

Doch ganz im Ernst: ich halte auf unserer Existenzstufe so gut wie alles für möglich, wenn nicht gar für wahrscheinlich, wobei mein Wissens- und Forscher-Drang auch mit einem überdurchschnittlichen Potential ausgestattet zu sein scheint.

Selbst im materiellen Bereich halte ich es persönlich für durchaus wahrscheinlich, dass es da in Zukunft noch manche Überraschungen geben wird, sagen wir es vulgär: dass da noch eine ganze Menge an Luft drin ist, die es zu erforschen gilt. Als Beweis führe ich da gern meine eigenen Erfahrungen an, die ich vor allem auf den Fachgebieten der Psychologie und der Soziologie in den letzten 60 Jahren so am Rande mit erleben und bewundern durfte. So wundere ich mich immer wieder, dass es den Physikern noch nicht gelungen ist, neben den bekannten Kräften der Natur nicht auch die vielleicht stärkste Naturkraft, die menschliche Anziehungskraft, aber auch Abstoßungskraft, messen zu können.

Vor allem aber gibt mir die Tatsache Mut, dass im Baukasten der künftigen Generationen schon ein „Gehirnlappen“ (Neokortex) angelegt ist, der vom unbekannten Designer wohl nicht nur für *„Jux und Dollerei“* vorgesehen wurde – wie ja die ganze Schöpfung nur so strotzt von Leerräumen, die noch gefüllt werden können, oder deren Füllung noch nicht entschlüsselt worden ist. Denn dass die Evolution zum Stand „heute“ schon ihr uns unbekanntes Endstadium erreicht haben sollte, werden wohl die wenigsten der jetzt lebenden Fachleute glauben: Der Arbeitsmarkt „Universum“ bietet, darauf würde ich beim Pokern *„All in“* setzen, noch für viele Generationen Luft.

Wenn wir ihn denn weiter funktionsfähig halten!!!

Kapitel 3

Seemanntisches

Um nicht der Sünde des geistigen Diebstahls geziehen zu werden, möchte ich schon hier bekennen, dass ich von der Lektüre eines Buches stark beeindruckt bin, das meine Tochter Veronica aus dem Wust der täglichen Werbung herausgefischt und mir zugespielt hat. Es heißt: *Jenseits der Materie* und ist von Prof. Dr. Oliver Lazar geschrieben, einem Arzt und Naturwissenschaftler, der nach einem tragischen Unfalltod eines jungen Mädchens in einer spirituellen Begegnung vom Saulus zum Paulus wird und sein Leben als Wissenschaftler der Erforschung des Immateriellen, also salopp: des Jenseits widmet. Mit beachtlichem Erfolg übrigens!

Es wäre nicht fair, wenn ich hier seine Story, sagen wir besser: die Ergebnisse seiner Tätigkeit referierte. Sein Buch „Jenseits der Materie" ist aber meines Erachtens absolut fair und lesenswert. Nur so viel: Er tut genau das, was ich mir mit meinem Erfahrungshintergrund auch vorstelle, er besieht sich die Welt von einem anderen (höheren) Standort aus, also das, was ich als Segler damit meine, wenn ich vom Krähennest spreche; allerdings habe ich selbst keine Jenseitserfahrung, wenn ich einmal von der „Nahtoderfahrung" meiner Frau absehe, die sie aufgrund einer Gehirntumor-Operation nach sieben glücklichen Ehejahren an den Rand des Grabes führte. Genau fünfzig Jahre durften wir danach noch gemeinsam weiterleben, aber darüber möchte ich hier nicht sprechen.

Mein Erfahrungshintergrund, auf dem ich fuße, ist tatsächlich ein recht diesseitiger, aber auch der gibt mir genug Anlass zum Nachdenken, über das, was ich in meinem Leben gelernt habe und an Erkenntnis für „weitergabe- fähig und -reif" halte. Dazu ermuntert mich das Aufentern um die zwölf Maststufen bis in den Ausguck, wie man „Krähennest" am besten aus der Fachsprache der Segler zurückübersetzen kann, weil es zumindest optisch einen Anspruch untermauert, von dort aus etwas anderes zu sehen, was für den weiteren Kurs von Bedeutung sein kann, als wenn man mit beiden Beinen fest im Erdboden „verortet" ist. Das mag auch als Hinweis verstanden werden, dass ich die Ebene „ein paar Stufen höher" etwas kühn mit der Bezeichnung „geistig-seelisch" gleichsetze.

Vielleicht denkt jetzt der eine oder andere Leser an die merkwürdige Aussage des italienischen Kapitäns der *Costa Smeralda*, die er leichtfertig vor der Insel Giglio auf die Rockies gesetzt hat. Als er vor Gericht nach der Abstufung der Weisungsgewalt auf See gefragt wurde, antwortete er naiv, aber richtig: *auf See kommt erst der liebe Gott und nach ihm gleich der Kapitän.* Als Skipper, wie in der Sportschifffahrt diese Befugnis-Reihenfolge leicht abgewandelt übersetzt wird, gilt das Gleiche, er trägt die ganze Verantwortung; auch ich war mir dessen nur sehr oberflächlich bewusst, schreibe es mir als „Postskriptum" aber ganz bewusst voll Dankbarkeit ins Gewissen, dass mir *die Probe aufs Exempel* nie abverlangt wurde.

Nach diesem Selbstgespräch, so möchte ich es einmal nennen, mag es nun hinaufgehen in den Topp!

Fangen wir an mit dem, was wir schon wissen, wenn wir uns im alten Griechenland bewegt haben: navigare nezesse est. Das ist zwar lateinisch, aber dahinter oder auch davor steht der weniger bekannte griechische Spruch, aber schon ein Blick auf die Landkarte zeigt, dass die Navigation, ja die Seefahrt für Griechen eindeutig notwendiger ist als für die Römer. So ist auch das älteste literarische Dokument eine Sage aus der Schifffahrt, die Argonautensage, aus der sich wie aus dem Wort für ihre späten Nachfolger, die Astronauten, das Wort für Schiff (Boot) herleitet und einer Lebensform den Namen gab: NAUS, griechisch SCHIFF. Somit ist alles, worin Naus steckt, der Seefahrt zugehörig, auch wenn es eine liebreizende Königstochter im Lande der Phäaken ist, wie sie Homer erzählt.

In Italien kommt man dann durch die entsprechende Lautverschiebung zum Wort NAVIS, das uns inzwischen von der ehemals hehren Wissenschaft *Navigation* zum handlichen „NAVI“ unerwartet vertraut geworden ist: das Problem vom „Standort“ ist ja per GPS schon automatisch mittels Handy gelöst, eine großartige Erleichterung für jeden angehenden Käpt’n. Allerdings ging dabei eine über dreihundertjährige Geschichte von ganz wichtigen *„Tanten“,* denen man auch gleich alles, was an Bord sonst so mit Sex in Verbindung gebracht wurde, mit aufgebürdet hatte, gleich mit gab. Der einzige „SEXTANT“ auf der Brücke eines Schiffes, so vermute ich, ist im Besitz des Kapitäns und steht nur im Notfall zu Diensten. Dafür ist die Devise, die seit den Anfängen der Seeschifffahrt eisern eingehalten wurde, dass *„Seemannsbraut ausschließlich die See“* (laut dem Shanty von Hans Albers) zu sein habe, dass Frauen an Bord nur Unglück brächten, was inzwischen nur noch eine belächelte Erinnerungs-Floskel darstellt.

Ein weiteres Thema, das in der Navigation bei der Gelegenheit gleich mit über Bord gegangen ist, ist die exakte Kursbestimmung von dem Kartenkurs zum (berichtigten) Kompasskurs oder auch "Steuerkurs", eine Umrechnung mittels mehrerer "Beschickungen", ein Feld für eine ganze Reihe von Fehlerquellen, die bei den heutigen Computer-Programmen aber im Vorfeld ausgemerzt sein sollten.

Damit will ich auch damit aufhören, meine Leser mit Wissen zur Navigation beeindrucken zu wollen: beim „Captainsdinner" auf etwaigen Kreuzfahrtreisen mag es ohnehin genügen, den "Herrn Kapitän" für einen netten Kerl zu halten und sein Imponiergehabe mit gebührender Bewunderung zu quittieren.

So viel vorerst zur Seemannschaft im Allgemeinen und zu Kapitänen im Besonderen. Ich verlasse dieses inzwischen ziemlich ausgelutschte Thema sehr gern, denn ich möchte viel lieber vermitteln, dass die eben etwas despektierlich desavouierte Seemannschaft eine ganz andere Seite hat:

Kapitel 4

Die See als Leben-Lern-Lesebuch.

Wie meine Leser wissen, fange ich bei gewichtigeren Themen gern damit an, sie von der Sprache her aufzudröseln. Dahinter steht meine Vermutung, dass sich die Menschheit und damit auch ihre Sprache an ihrem Anfang erdgeschichtlich in einem sehr eng begrenzten Raum entwickelt hat, also aus einer gemeinsamen Wurzel entsprungen ist, damals, als es noch e i n Meer und e i n e Insel darin gab, also noch bevor die verschiedenen Erdplatten auseinander zu driften begannen. Die Kontinentaldrift ist da mein gedanklicher Impulsgeber. Wissenschaftlich ist das allerdings sehr umstritten, denn zuverlässige schriftliche Quellen gibt es bekanntlich nicht. Oder – setze ich ketzerisch dazu: Sie werden nicht anerkannt.

Das ist, das weiß ich wohl, eine tollkühne, weil unbewiesene Behauptung und somit ein dankbares Streitobjekt. Noch in der Mitte des letzten Jahrhunderts hätte das Leben sehr schnell auf dem Scheiterhaufen scheitern können, eine solche Behauptung aufzustellen. Doch vorsichtshalber will ich betonen, dass ich nicht behaupte, dass ich weiß, dass es so ist, es aber durchaus für möglich halte und dafür auch gute Argumente habe. Davon will ich hier aber nur eines ins Treffen führe, das schon oft auch sehr kritische Gemüter zumindest nachdenklich gemacht hat:

> Es ist eine Stelle in einem sonst als „recht glaubwürdig" eingestuften Buch, nämlich der Bibel. Dort findet man gleich hinter der Erzählung des Moses über die Schöpfung

einige wenige Zeilen (1.Buch Genesis, Kapitel 6), die zu erklären auch alle Experten arg in Verlegenheit bringt, denn darin wird von einer anderen Schöpfungsgeschichte berichtet, die von Riesen und Außerirdischen erzählt.

Ich gebe aber jenen, die die Absicht haben, sich damit zu beschäftigen als Warnung zu bedenken, dass man sich dabei auf recht wackliges Terrain begibt, wo These gegen These steht, deren Wahrheitsgehalt aber letztlich nur im Sinn einer Glaubensfrage diskutiert werden kann.

Dass ich diesen wenigen Bemerkungen überhaupt in meinem Manuskript Raum gebe, findet auch nur darin seine Berechtigung, dass ich im Folgenden zu dem notleidenden Thema *Wahrheitsfindung* (siehe: fake news) eine Gegenposition aufbauen möchte.

Die Sprache – und zwar nicht nur die deutsche – tut sich offenbar schwer, dem Wort „See“ ein Geschlecht zu verpassen: „der“ wie auch „die“ sind geläufig, wenn man Karl Valentin heißt, darf es auch „das“ (Starnberger Seelein) heißen. Seeleute schworen darauf, dass die See weiblich sei, ich sagte es schon. Das trifft sich gut mit der Naturwissenschaft, die das Wasser/das Meer als die Mutter allen Lebens bezeichnet, was allerdings auch mythologisch von Gäa, der Erde, gesagt wird. Könnte es sein, dass die Sprache da noch unentschieden war, weil die Trennung der Geschlechter sich möglicherweise erst später vollzogen hat?

Als „Fast-Salzbuckel“ steht meine Genealogie ebenfalls auf wackligen Beinen, was zwar einem SEEMANN ganz gut zu Gesicht steht, an Land aber durchaus zu Komplikationen führen kann, wenn man sich ausgerechnet auch noch vorgenommen hat, bei

SIEMENS Karriere zu machen – dieses hübsche Wortspiel kann ich mir an dieser Stelle nicht verkneifen.

Philosophisch allerdings habe ich da keine Schwierigkeiten: die See ist wie der Ozean für mich geschlechtslos oder jedenfalls androgyn wie alle göttlichen Emanationen. Wohl drücken sie sich im Rahmen der irdischen Dualität als männlich und weiblich aus, aber im Reich der Ganzheit – im Holon also – werden sie wieder zur Einheit.

Am Rande dieser etwas sehr grundsätzlichen Betrachtungen mag es erlaubt sein, die Frage zu wagen: und was ist mit der SEELE? Ist die sprachliche Brücke zur SEE reiner Zufall? Der Ozean als Symbol der unendlichen Möglichkeiten, als materieller Ausdruck für den Geist, der über den Wassern schwebt, ist das nicht eine gute Einladung zur Meditation?

Auf meinem Lieblingsplatz meines Schiffes, dem Krähennest – eben knappe zehn Meter über dem Wasserspiegel – und mit dem neu erwachenden Bewusstsein der holistischen Einheit der gesamten Schöpfung (bitte um Nachsicht wegen der Tautologie, sie scheint mir hier aber begründet zu sein,) -fällt es mir nicht mehr schwer, gesamtheitlich zu denken: alles hängt mit allem zusammen und ist ein Ganzes! Siehe da, Hellas mit seinem Bild des *„panta rhei“ lässt schön grüßen:* zum Himmel, auch wenn dieser von den Materialisten als nicht existent denunziert wird, ist es da, wo ohnehin alles in ewigem Fluss ist, nicht mehr (Meer) so weit…

Doch zurück zur Wahrheit und zum Segeln.

Meine langjährige Erfahrung mündet in meine Überzeugung, dass es beim Segeln, - und auch wohl nur dort – absolut ohne Betrug, ohne Übervorteilung, ohne faule Tricks zugeht. Wind und Wetter sind absolut unbestechliche Partner, wobei Partner eigentlich schon eine unzulässige Beschönigung darstellt: die See hat kein Gefühl, kennt keine Emotionen, der Segler hat nur die Möglichkeit, zu *reagieren*, ein Agieren lässt sich nur in einem hohen Maß an Vorsicht, die in der Seemannsprache mit *guter Seemannschaft* ausgedrückt wird, umschreiben. Fehler aber werden gnadenlos bestraft, wobei das Wort Strafe da schon wieder einen sehr anthropozentrischen Klang hat.

Andererseits ist es für mich ein königliches Gefühl, wenn sich der gerade noch schlafende Wind erhebt und sich die Segel bauschen, wenn Wellen sich am Bug zu brechen beginnen, das von der Natur angebotene Spiel aufzunehmen und ihre Kraft nach bestem Können in Bewegung umzusetzen. Da kann man dann schon einmal einen Jauchzer, wie man in Bayern sagt, über die Wogen schicken.

Dazu kommt ein wunderbares Bewusstsein, in gutem Einklang mit der Natur zu sein, der man nichts wegnimmt und sie nicht beschädigt, ja bestenfalls noch nicht einmal einen „Fußabdruck" hinterlässt, - solange man nicht den Jockel anwirft. Freilich wird heute in oft unverantwortlicher Weise gegen diese „reinen Formen" der Seemannschaft verstoßen, was ich auch gegen mich gelten lassen muss. Die Zeiten, in denen man allein mit Windkraft um die „Welt" geschippert und den ersten nennenswerten Welthandel betrieben hat, sind ja längst Geschichte und das Wort *Windjammer* nur noch ein nostalgisches Relikt.

Was bleibt, ist aber eine wichtige Lebensweisheit: **Du kannst die Natur nicht zwingen, nicht ändern, du kannst sie nur annehmen, wie sie ist und dein Verhalten danach ausrichten: Du bist ein Teil von ihr und nicht ihr Beherrscher, vergiss das nicht...**

Und genau das ist es, was mich bewogen hat, mir als sechstes aus der insgesamt siebenreihigen *Fischer-Flotte* einen „Windjammer" zuzulegen, einen Nachbau eines spanischen Fischerbootes, das wohl so ziemlich als einziges in dieser Größenklasse ein Krähennest zu bieten hatte. Ursprünglich ging es ja bei der Entwicklung der Schifffahrt nur darum, Ereignisse, die für das eigene Schiff von Bedeutung werden konnten, möglichst früh zu entdecken, um sich darauf einstellen zu können, wobei das *ausgesungene „Land in Sicht"* wohl das höchst willkommen geheißene Signal gewesen sein dürfte. Das gilt sicher nicht nur für die Entdeckung Amerikas, sondern für jede Art von „Landfall", wie der Seemann das ausdrückt. Schließlich ist es ja das Ziel einer jeden Seefahrt, wieder Land zu erreichen, was symbolisch nach meiner Auffassung auch für unsere ganze Erdenreise gilt. Das hat sich auch in dem schönen Gruß „Ahoi" ausgedrückt, der aber leider bei der einsetzenden Seefahrt-Romantik des „Nimm mich mit, Kapitän, auf die Reise" in Verruf geraten ist und daraufhin als Seemannsgruß ausgemustert wurde.

Wieder einmal heißt mein vorläufiges holistisches Fazit: DU allein bestimmst mit Deiner Sichtweise, ja sogar schon mit deiner Beobachtung, den Wert einer Sache, den Wert einer Aktion, den Wert eines Menschen, sogar den Wert des ganzen Wertgefüges: zumindest **m i t** ! Es kommt immer auch auf Deine Reaktion an, wie sich die Welt nun weiter dreht, zumindest an dieser Stelle. Und: wegschauen gilt nicht. Also nicht: Kopf in den Sand stecken, obwohl das so einfach scheint.

Das ist der entscheidende Schritt zum Zeitalter des Holozäns, das ich gern noch etwas konkreter interpretiere als: die Schöpfung ist ein Ganzes, alles hängt mit allem zusammen, sie ist kein lineares

Gebilde, wie wir das zu sehen gewohnt sind, ihr Gesicht ist das Netz (network), das Fraktal. Um nicht missverstanden zu werden: das lineare Denken war kein Fehler, der nun korrigiert werden müsste, aber es ist die Folge *der Abstraktion*, die ein notwendiger Kunstgriff ist, um Versuchsanordnungen überhaupt aufbauen zu können; Physiker und Mathematiker wissen sehr wohl, dass ein Versuch nicht die Wirklichkeit abbildet, sondern eben nur einen (kleinen) Teil davon. Bestes Beispiel: in der Natur gibt es die *„Gerade"* gar nicht, selbst eine *„Luftlinie" – die angeblich kürzeste Verbindung zwischen zwei Punkten* - ist immer gekrümmt, was bei der Großkreis-Navigation zunächst meist für Verwirrung sorgt.

Doch genug mit der Physik und Mathematik!

Kapitel 5

S – O – S für das „Raumschiff Erde“

Für heute, wir schreiben heute den 19. Mai 2022, hatte ich mir vorgenommen, ein paar Schnurren aus meinem *Königreich Segeln* auszupacken, doch eben heute, sozusagen im ersten Büchsenlicht, packte mich meine rührende Fannie, die weibliche Verkörperung meiner Fantasie, am Kragen meines Schlafanzugs und raunte mir ins Ohr: *Geh zuawi, Oldie* – sie sagt neuerdings *Oldie* zu mir, was ich großzügig, wenn auch nicht sehr *amused,* toleriere - *drah ma no a Runde!* (Offenbar war sie in ihrer letzten Inkarnation in österreichischen Diensten!)

Nun ja, ich gebe zu, dass ich noch nicht so recht zum *Bäume ausreißen* aufgelegt war, überdies von der recht fantasielos vertüdelten Nacht etwas freudlos erwacht war, und diesetwegen nichts gegen einen etwas spannenderen Nachschlag einzuwenden hatte.

Sie hätte da noch einen Tipp für mich zum Thema STEIN der WEISEN, sagte sie.

Du suchst doch noch nach deim Stein der Weisen für's Bernstein-Kapitel, oder teischst mi da? Jetzt, wo d' grad auf deim Krähanescht hockst, kannst do a amoi nach vurn schaung, net ollawei nach hinten! S' geht do a um d'Zukunft, net bloß um Nostalgie! Denk doch amöi an deine Kinder und Enkel!

Da hatte sie mich an Siegfrieds Lindenblattstelle erwischt!

Und sofort begannen meine fiktiven Bühnenarbeiter wie halbverhungerte Hunde über den hingeworfenen fetten Knochen herzufallen und die Athleten in der Zirkuskuppel meiner *Kopfarena* die Trapeze zu entrollen, um mit den Versatzstücken aus dem Fundus ein neues neuronales Netz zu knüpfen.

Ist das Missing Link der Menschheitsentwicklung vielleicht genau das, was jetzt fehlt, was darauf wartet, entdeckt zu werden, ans Licht gebracht, geschürft oder geschöpft werden will? *Was vielleicht gar als Aufgabe auf dich selbst wartet?* So tönte es noch undeutlich, aber doch vernehmlich aus dem Schnürboden meiner Synapsen.

Ich vermute, dass ich da wohl etwas verblüfft aus der Wäsche schaute, griff aber doch gehorsam zu meinem *„Sweet a bissel was"* (mein „I-D-ALBUM"), das wie immer griffbereit auf meinem Nachttisch lag und notierte das Stichwort *Rosenkranzthema/Kinder/Bernstein*, murmelte in den noch ungepflegten Bart, dass ich darüber erst einmal nachdenken müsse, und sprang angriffslustig aus dem Bett.

Diese Geschichte ist tatsächlich ungefähr so passiert, lediglich der letzte Halbsatz ist zu meinen Gunsten unverschämt übertrieben. Ich habe mich aber entschlossen, sie in groben Zügen schon einmal zu notieren und werde später nach gebührender Denkpause noch einmal darauf zurückkommen. Strategisch scheint mir Fannies Hinweis jedenfalls auch schon an dieser Stelle passend zu sein, da er meine Aussage von **der Bedeutung der Sichtweise** für den Segler gut unterstreicht und deshalb als Lebensweisheit auch für Nicht-Segler von hohem Wert sein kann. Genau das will ich ja mit meinem Krächzen aus dem Krähennest und meinen, zugegebener Weise noch sehr laienhaften, Vorstellungen von quantenphysikalischen Erkenntnissen erreichen: **eine neue Sichtweise.**

Doch dazwischen drängte sich unerbittlich ein Dringlichkeitssignal *„pan-pan, pan-pan, pan-pan“,* der Notruf für den Schiffsverkehr, durch den Äther und durchkreuzt alle guten Absichten zur Entspannung. Für Nichtsegler: Das ist die Warnstufe 1, die den weiteren Funkverkehr auf den See-Notfall konzentriert, oft schnell von dem allgemein bekannten S-O-S- Signal gefolgt, das dann international “Mayday“ bedeutet: höchste Alarmstufe, Menschenleben in Gefahr.

In dem mir vorliegenden *fiktiven* Seenotfall von heute früh ging es also um höchste Lebensgefahr; leider ist die Zeitangabe *„es ging“* unkorrekt, statt dessen müsste es heißen: *„es geht“*, denn der Notfall ist auch weiterhin noch aktuell, sagen wir: *von dramatischer Aktualität,* und es geht auch nicht um einen einzelnen Notfall, sondern um einen Gesamt-Notfall *an,* richtiger: *für* alle: **für das Raumschiff ERDE!**

> Die Süddeutsche Zeitung publizierte in der Wochenend-Ausgabe vom 21./22. Mai 2022 dazu passend im Teil WISSEN : Wann ist Weltuntergang? Autor Hanno Charisius.

Nun hat man sich ja inzwischen schon so ziemlich daran gewöhnt, in den Medien auf dramatische Formulierungen zu stoßen, wenn es um den Zustand des Planeten geht; und auch: dass es für uns nur diesen *einen Planeten gibt,* sollte selbst der Dümmste unter den Erdenbürgern kapiert haben. Der Inhalt des Artikels bringt keine ganz neuen wissenschaftlichen Erkenntnisse zu den Zukunftsaussichten dieses unseres Raumschiffes. Diese Bezeichnung für unsere Erde hat zufällig am gleichen Tag der zur Erde zurückgekehrte deutsche Astronaut Mathias Maurer sehr eindrucksvoll verwendet, als er von seinen Eindrücken aus der Weltraumsicht im ersten Interview berichtete. Tenor: wir sitzen alle gemeinsam im gleichen Schiff – freilich, auch das nicht ganz neu. Erschütternd für mich und aufmerksame Leser bzw. Zuhörer ist aber doch der gebündelte Inhalt der Nachricht: es droht in so vielen Risikobereichen der Natur der Grenzwert, bei dem die Gefahr für den Untergang der Menschheit unumkehrbar wird, jetzt schon in wenigen Jahren der Ernstfall einzutreten, der zum **AUS** führen wird.

„Die Botschaft hör ich wohl, allein mir fehlt der Glaube“, so reagiert meistens unsere Rasse, die irgendjemand vielleicht etwas verfrüht mit dem stolzen Titel „Homo sapiens“ geschmückt hat, mit der Kunst, die sie am besten beherrscht, so ist zu fürchten, und **resigniert.** Früher hätte man vielleicht noch voller Vertrauen gesagt, *der liebe Gott wird's schon richten,* jetzt, wo der ja totgesagt ist, bleiben nur noch die Selbstheilungskräfte der Natur, an denen man sich festklammern kann. Doch wenn jemand kommt und sagt, man könne doch beispielsweise durch eine amtlich verordnete Geschwindigkeitsbeschränkung den zum Auspuff hinausvergeudeten Energieverbrauch senken und dadurch die CO 2-Belastung der Luft drosseln, dann wird immer noch von vielen Deutschen der Freiheitsbegriff bemüht und mit einem *Gott bewahre!* die Autotür als sakrosankt erklärt und mit zornigem Schwung zugeschmissen.

Was macht nun ein kleiner Skipper beim Eintreffen einer solchen Notstandsmeldung? Er wird, wenn ihm an einem Erhalt seines Heimatplaneten wirklich etwas gelegen ist, mit all seinen Kräften versuchen, den Eintritt dieses Falles zu verhindern. Und wenn er das Privileg hat, die Sache aus dem Krähennest aus einer höheren Warte zu betrachten, dann sollte er es laut aussingen, **wenn er neues Land in Sicht hat.**

Aber noch sah ich kein neues Land, im Gegenteil erging ich mich in Schwarzmalerei und Trübsal blasen, wie man aus dem digitalen Aufruf an meine Leserschaft entnehmen kann:

Kapitel 6

Es geht *ums* Ganze

Ein letzter Zwischenruf, nicht veröffentlicht!

Lieber Leser,

das ist ein dringender Brief an Dich, deshalb spreche ich Dich auch mit Deinem Deck – und Sammel-Namen an. Zwar bist Du immer noch ein Anonymus, aber heute Morgen hast Du eine Metamorphose durchgemacht, mindestens in meinem Verhältnis zu Dir. Bisher wollte ich Deine Aufmerksamkeit erringen, Dich unterhalten, Dir etwas schenken, jetzt will ich mehr.

Abgesehen davon, dass dieses Vorhaben schon fast eine Frechheit darstellt, da es subversiv davon ausgeht, ich wüsste mehr als Du, so bleibt es doch sehr an der Oberfläche, es mangelte ihm an Ernst. Heute ist mir so richtig klar geworden, dass ich Dich brauche, dass es ohne Deine Mitarbeit ein aussichtsloses Unterfangen ist, in das ich da meine Kräfte investiere, denn es geht ums Ganze, da ist ein Einzelner auf verlorenem Posten.

Nun wirst Du vielleicht einwenden: das kann ja jeder sagen. Und damit hättest Du auch Recht. Also muss ich versuchen, Dir darzulegen, was ich damit meine.

Tatsächlich weiß ich gar nicht mehr, wie diese vier Worte aufs Papier gekommen sind. Ich muss sie in den letzten Wochen der sich überschlagenden Chaos-Ereignisse in den Computer geschrieben haben, dann einen nicht mehr vorhandenen Text dazu, der dann aber aus irgendwelchen Gründen von mir verworfen wurde, was ja durchaus vorkommen kann. Nach dessen Löschung blieb dann nur die Überschrift stehen und wurde bei dem nächsten Druck-Vorgang mit ausgeworfen und dann als „garbage" in das Fach Konzeptpapier gelegt. Als ich heute Morgen meine neuen Erkenntnisse der Nacht stichwortartig notieren wollte, damit sie mir nicht wieder während des Frühstücks entfleuchen, prangten besagte vier Worte schon dick und fett auf dem sonst noch jungfräulichen Papier.

Warum berichtest Du davon so weitläufig, wo es doch angeblich ums Ganze geht? Ist denn dafür überhaupt noch so viel Zeit? So wirst Du vielleicht denken.

Gute Frage, die ich auch nicht beantworten kann. Wer weiß schon, wie weit die Lage unseres Planeten, besser vielleicht unserer Zivilisation schon im Absturz begriffen ist? Genau genommen kann ich ja nur von einem sehr subjektiven Gefühl eines alten Mannes sprechen, das sich schon lange beunruhigt meldet und jetzt, reif wie eine Eiterbeule, zum Ausbruch drängt. Ich kann natürlich auf zahlreiche Quellen verweisen, die meine Meinung stützen, so etwa das vor zwei Jahren erschienene Buch von Harald Lesch *„Die Menschheit schafft sich ab."* Als Chronist, der es gewohnt ist, prominente Meinungen zu sammeln, könnte ich darüber hinaus mit einem vollen *Papierkorb der Weltpresse* dienen.

Mir ist es aber wichtig, meinen eigenen Weg bis zum letzten Urteilsspruch zu beschreiben, der zu nichts weniger als einem erschütternden Verdikt kommt. Wobei das erschütternd zunächst mich selbst bezeichnet.

Dazu brauche ich allerdings Zeit, denn nach meiner gegenwärtigen emotionalen Verfinsterung zu schließen, kommt es dabei auch auf die Zwischentöne und nicht nur auf das vordergründige Geschehen an; ich bitte deshalb um Geduld.

Geboren im Jahr 1934 gehöre ich zu den Jahrgängen, die sich später mit dem Kohl'schen Aushängeschild „durch die Gnade der späten Geburt" von der Schuld des Nationalsozialismus freizusprechen versuchten. Umgekehrt kann ich mich darauf berufen, in einer christlichen Familie aufgezogen worden zu sein, in der die christlichen Werte als Grundlage und Messlatte für unsere Gesellschaft hochgehalten und nicht nur im Munde geführt wurden. Meine Mutter hat schon während des Krieges Adolf Hitler als eine Ausgeburt der Hölle bezeichnet, was zum Glück damals niemand zur Anzeige gebracht hat. Dementsprechend wurde bei uns die Niederlage Deutschlands im zweiten Weltkrieg als Befreiung gefeiert und vom Wiederaufbau in Deutschland vor allem eine moralische Erneuerung erwartet und engagiert (Caux!) unterstützt. Tatsächlich gab es ja auch erfreuliche Entwicklungen sowohl in Europa wie auch in der Welt (UNO). Für mich war der Krieg glücklicherweise ausgesprochen sanft und fast narbenlos zu Ende gegangen, die Zukunft hing voller Geigen und die Kröte „Wachstum muss sein" wurde noch weitgehend unkritisch vom Popanz „Wirtschaftswunder" und Ehards dicker Zigarre vernebelt und von den Menschen geschluckt. Zwar drohte auch damals wieder ein Krieg, an dem die Welt, wie man erst im Nachhinein erschrocken feststellte, verdammt knapp vorbeigeschlittert war, doch fiel dann überraschend die Mauer zwischen Ost und West, der Kommunismus hatte, so glaubte man vielfach, auf der ganzen Linie das Spiel verloren und die Geigen kündigten eine glückliche Zukunft auf der Erde an. Ängste und Sorgen warfen wir, wie es im Kirchenlied verlangt wurde, in Meerestiefen hin. Dass dabei gleichzeitig auch der Müll dort entsorgt wurde und es auch noch ein paar andere kleine Umweltprobleme gab, wurde noch nicht so richtig ernst genommen, so dass sich die Population auf dem schönen, blauen Planeten nicht nur munter weiter vermehrte, sondern sich so häuslich einrichtete, dass der Philosoph Peter Strasser unwidersprochen konstatieren konnte:

> **„Wir haben aus der Lust am Leben die Gier gemacht, nicht mehr sterben zu müssen."**

Damit bin ich bei des Pudels Kern, oder etwas aggressiver: beim Kasus Knaksus: es ist uns schier unbemerkt das Vertrauen abhandengekommen, das Heil nicht anstatt in der Zertrümmerung verschiedener Materie-Teilchen, sondern in unserer jenseitigen Heimat zu suchen. Die Aufklärung hat es geschafft, uns so weit aufzuklären, dass wir unseres geistig-seelischen Anteils weitgehend verlustig gegangen sind, zu nach rein materiellen Gesetzen funktionierenden Maschinen verstümmelt. Dabei aber mit der Hybris ausgestattet, selbst die Krone der Schöpfung zu sein, indem man den Schöpfer gleich selbst durch Leugnung eliminiert hat. Was dann eine fast zwangsläufige Folge ist: das Leben besteht darin, ein möglichst großes Stück vom Kuchen zu erhaschen, ohne Rücksicht auf die Rechte anderer, von den Rechten folgender Generationen gar nicht zu reden. Dass das Leben auf dieser Erde nur im **„Zusammen"** gelingen kann, predigen zwar die einschlägigen Vertreter ihres Faches, aber die Welt hat es noch nicht begriffen.

Ich weiß wohl, dass meine Pauschalverurteilung der Menschheit, wie jede Pauschalierung einseitig und übertrieben ist und an dem wichtigsten Signum des Kosmos „Vielfalt" vorbei geht, aber wer die Augen kritisch aufmacht, kann nicht daran vorbeisehen, dass die Evolution derzeit einen drastischen Rückschritt einlegt, besser gesagt: trotz des Wissens um den drohenden Absturz munter weiter auf diesen zustrebt.

Wohl möglich, dass dann Sisyphus erneut versuchen muss, seinen Stein den Steilhang hochzurollen, aber selbst das ist kein Trost, der uns noch hilfreich sein kann, schon gar nicht einem alten Mann, der es hoffentlich selbst bald besser wissen wird, aber doch mit unendlicher Trauer dem grausamen Treiben zusieht.

Was kann noch helfen, wenn man zu dieser Meinung gekommen ist? Was will ich von Dir, lieber Leser und Gefährte? Eine Revolution kann ich ja schlecht ausrufen, wenngleich mir danach ist. Außerdem hat eine Revolution in der Menschheitsgeschichte bisher nichts gebracht, außer Leid und Zerstörung. Neue Macht bringt neues Chaos, vielleicht mit einer Ausnahme: wenn die ganze Welt an einem Strang zöge. Eine Weile hat man ja gedacht, eine Weltherrschaft könne die Probleme lösen. Heute muss man realistischerweise feststellen, dass die an sich vielversprechenden Ansätze der UN weitgehend im Sand verlaufen sind. Die Menschheit wird von einem Gegner beherrscht, der nur besiegt werden kann, wenn man die Menschheit selbst auslöscht, denn es ist der Egoismus. Es war der falsche Ansatz, im letzten Jahrhundert die *Individualisierung* als oberstes Ziel auszurufen, womit man dem Egoismus natürlich in die Karten gespielt hat. Lässt sich Altruismus, Empathie, Ausgleich ebenso einpflanzen und groß ziehen wie Gier, Geiz und Gewaltstreben? Wer konstruiert die Schere, die verkehrt herum funktioniert, statt Gleichverteilung zu schaffen, sich nur immer weiter öffnet?

Ende des Zitats

(Abgebrochen wegen Aussichtslosigkeit, Hoffnungslosigkeit, Feigheit)

Wieder einmal konnte ich mich nicht entschließen, den an mich ergangenen SOS-Ruf an Alle ins Netz zu stellen. Gründe sind vorzeigbar: zu alt, zu unerfahren mit den neuen Medien, usw., aber im Grunde sind sie vorgeschoben. Wirklich stichhaltig aber ist, dass ich wie viele andere einfach nicht wusste, wozu ich aufrufen sollte, dass ich gegen die Hilflosigkeit der ganzen westlichen Welt nicht ankam.

Schließlich habe ich meine Botschaft meinem literarischen Weihnachtsgeschenk für die Familie beigelegt, dem Essay *„Auf der Suche nach dem Christkind"*.

Als ich diese am Weihnachtsabend im Familienkreis vorgelesen habe, ergab sich eine sehr ermutigende Diskussion und Zustimmung zu meiner Vision, die seither ***das Manifest*** genannt wird. Allerdings verlief mein Versuch, unseren Bernrieder Bürgermeister in einem sehr persönlich gehaltenen Brief meine Vision vorzustellen, leider ergebnislos, was mich wieder entmutigt hat. Trotzdem will ich das Exposé hier vorstellen.

Weihnachten 2021: eine Zukunfts-Vision

Dass auch in diesem von Corona gebeutelten Jahr, die entgegen aller Hoffnung eine so furchtbare Dramatik entwickelt (geschrieben am 24. November, also einen Monat vor dem Heiligen Abend) ein Weihnachtsfest im Kalender steht, war ja nicht ganz überraschend, aber was soll, was kann oder darf man damit anfangen? Ist Corona vielleicht sogar der „Weihnachts-Killer", der die letzten Reste einer längst verfallenen Krippen-Idylle vollends hinwegfegt?

„Frohes Fest, Leute" titelt die Süddeutsche Zeitung und schreibt als Zwischen-Überschrift: *„Gut, wenn dieser jährliche Psycho-Wahnsinn im Dezember nun zu einem Ende kommt".* Hieß es bisher schon immer unverhohlener: Süßer die Kassen nie klingeln, als zu der Weihnachtszeit, so wird paradoxer weise für dieses aus den Fugen geratene, *ungesegnete* Jahr ganz offen nur noch ein genussvolles Weihnachtsfest verkündet und der Handel reibt sich die Hände in Erwartung des umsatzstärksten Weihnachtsgeschäfts aller Zeiten.

Wahnsinn, du siegst!

Man kann dieses Phänomen aber auch anders sehen, wenn man die Weltuntergangsbrille einmal weglegt und sich die verbliebenen Trümmer dieses einst scheinbar unerschütterlich festgefügten Festes sine ira et studio, wie man das früher so sagte, unvoreingenommen betrachtet.

Was war da eigentlich an diesem Tag?

Da ist in einem völlig unbekannten Nest irgendwo in einer palästinensischen Hirtengegend, noch dazu in ein einem Stall, ein Baby, noch dazu von einer ledigen Frau, gar einer „Noch-Jungfrau" geboren worden, dem später nachgesagt wurde, dass er der einzige Sohn eines Gottes sei, der damals von einigen Hirtenstämmen als Herrscher der Welt verehrt wurde. Er sei der in alten Schriften vorausgesagte Retter des Stammes Israels, der sein Volk aus der Knechtschaft durch die römische Herrschaft befreien würde. Dieser Jesus, den man später „den Gesalbten, Christus" nannte, endete nach einigen Jahren, in denen er die Botschaft von der Ankunft eines neuen Gottesstaates predigte, von den römischen Soldaten ans Kreuz geschlagen und getötet. Das sind vordergründig die historischen Fakten, die weitgehend allgemein anerkannt werden. Das, was im Lauf von 2000 Jahren daraus geworden ist, ist Deutung und Glaube. Im Zentrum geht es vor allem um die Frage: wer war dieser Jesus, war er d e r Sohn einer göttlichen Autorität, die für die ganze Menschheit Zuständigkeit und Gefolgschaft beanspruchte, oder war er nur ein Prophet, wie es sie schon immer gegeben hat, vor allem in der damaligen Zeit. In manchen Augen aber auch nur ein Aufrührer und Volksverhetzer?

Warum schreibe ich das alles, es ist ja bekannt und enthält keine neuen Fakten oder wenigstens neue Argumente. Und trotzdem meine ich, eine Lösung für mich zu sehen, die mich meine noch geschenkten Tage in Gelassenheit und Heiterkeit leben lassen.

Mir ist klar, dass ich da in eines der größten Wespennester stochere, die es auf diesem Planeten gibt, und ich habe allergrößten Respekt, mich auf diese Aufgabe einzulassen, denn ich bin dafür in keiner Weise vorgebildet, allenfalls durch eine gewisse Unbekümmertheit, was nichts mit dem Kummer zu tun hat, der mich mindestens ab der zweiten Hälfte meines Lebens umtreibt, in Sorge um diesen Planeten und um die Rasse Mensch, die ihn beherrscht und der ich mich verpflichtet fühle: ich leide daran, dass bei allen Fortschritten, die es in den letzten zweihundert Jahren gegeben hat, eben diese „Rasse" es nicht schafft, in Frieden miteinander und mit ihrem (jeweiligen) Gott zu leben, dass Religion, was ja eigentlich Bindung meint, das **größte trennende Momentum** ist, das diese Erde spaltet.

Mehr zur Erheiterung und eigenen Beruhigung kann ich noch ins Feld führen, dass ich mich in meiner beruflichen Laufbahn schon einmal vor die Situation gestellt sah, ein neues DV-Verfahren für eine Art von Revolutionierung des gesamten Personalwesens bei Siemens zu schaffen, obwohl ich weder vom Personalwesen noch von der Datenverarbeitung etwas verstand, geschweige denn, als Fachmann anerkannt war. Dazu kamen auch noch politische Widerstände aus der Basis, so dass der Name, den ich für das neue Verfahren ersonnen hatte: IVIP bei den wirklichen Fachleuten interpretiert wurde: Ist Verfahren In Prizipe, will sagen, daraus wird niemals etwas. Doch es wurde etwas, und das Verfahren hat dann fast zwanzig Jahre problemlos funktioniert.

Dazu sollte ich vielleicht noch sagen, dass ich eine streng katholische Erziehung genoss, auch heute noch zahlendes Mitglied meiner Kirche bin, aber heute in vielen Punkten das Lehrgebäude in Frage stelle, vor allem aber alle Kirchen als Produkt menschlichen Machtstrebens sehe und nirgends eine göttliche Autorität erkennen kann, die die Geschichte dieser Welt aktiv, also nachvollziehbar, lenkt. Um so mehr bin ich davon überzeugt, dass wir Menschen uns schon selbst am Schopf aus dem Morast ziehen müssen, wenn wir das Experiment „Homo Sapiens" überleben wollen.

Genau dieser Gedanke ist es auch, der mich ermutigt und mich in hohem Alter noch zu diesem Appell drängt.

Was also kann ich als Weg aus unserer verfahrenen Situation meinen Nachkommen anbieten?

Zunächst ist da ein Ruf, der uns alle aus der französischen Revolution bekannt vorkommen wird: retour a la natur. Konkret heißt das: der Mensch ist Teil der Natur, nicht deren Beherrscher und Ausbeuter, der Mensch ist Geschöpf und nicht Schöpfer, auch wenn er in hohem Maß am Schöpfungswerk beteiligt ist.

Zweitens: es gibt, (wenn überhaupt,) nur einen Gott. Das heißt: wir alle haben denselben Gott, wir sind demnach alle Brüder und Schwestern, damit vor Gott gleichberechtigt, gleich wichtig und e i n z i g !

Drittens: es führt nicht weiter, die Wesenheit Gott zu ergründen, sie steht nicht zur Diskussion, sie ist sakrosankt, eine Frage „Warum“ in diese Richtung also absolut sinnlos.

Viertens: es gibt in keiner menschlichen Tradition der Geschichte eine unmittelbare göttliche Offenbarung, die es erlaubt, als eindeutiges Kriterium für richtig und falsch herangezogen zu werden. Die Berufung auf Gottes Willen ist somit im Prinzip unzulässig, allenfalls im Wege der Übermittlung aus dritter Hand zu tolerieren, wobei „Hand“ schon eine unzulässige Deutung suggeriert. Ein „Heiliger Geist“ ist in meinen Augen eine Hilfskonstruktion, die durch die Unzulänglichkeit unserer Sprache hervorgerufen ist, die (notwendigerweise) durch die Festlegung von Begriffen, Kategorien, „Hausnummern“ Orientierung verspricht, damit aber Verwirrung (Begriffsverwirrung) schafft. Diese wieder zu beseitigen, bietet sich der „Aufstieg“ in die nächst höhere Ebene an, in der dann allerdings die Begriffe Geist und Gott nach meiner Sicht nahezu identisch sind.

Fünftens: Die Denkmuster, mit denen wir groß geworden sind, basieren auf dem linearen, dualen, materiellen Weltverständnis, das durch die Entdeckung einer **ganzheitlichen Struktur des Universums** (alles hängt mit allem zusammen, Vernetzung, Quantenphysik), als nur noch teilweise richtig, damit jedenfalls aber untauglich für den Gebrauch in der geistigen Welt geworden ist.

Sechstens: Die Entwicklung des Gehirns und seiner Empfängerorgane entspricht seiner bisher geübten Nutzung mit Hilfe seiner fünf Sinne, die für sein Dasein in der materiellen Welt ausreichten. Die Evolution ist offenbar schon dabei, die Voraussetzungen für den Aufstieg die die Sphäre eines echten Geisteswesens zu schaffen, doch muss der Mensch den Gebrauch seiner neuen Hirnregionen (Neokortex!) erst lernen. Neben der Fortentwicklung seiner sprachlichen Möglichkeiten sehe ich da in der Musik, in der Kommunikation, in den psychischen Bereichen schon sehr konkrete Ansätze für nur zu ahnende Fortschritte in naher Zukunft.

Siebtens: unseren Planeten vor seinem Untergang zu retten geht aber nur mit dem gebündelten Einsatz aller seiner Bewohner, m i t e i n a n d e r, nicht gegeneinander!

Das alles lässt hoffen, dass die derzeit so verfahrene Lage unserer Gattung auch die verschiedenen Krisen überdauert, eine Fahrt in ruhigeren Gewässern zu neuen Ufern durchaus noch hinter dem Horizont als denkbar, ja realistisch ins Auge gefasst werden kann.

Ich glaube, es gehört unverhandelbar zu dem Menschheitsauftrag jedes Einzelnen, daran mit allen Kräften mit zu arbeiten.

Packen wir es an!

Manfried Fischer, am 24.12.2021

Kapitel 7

Zeitenwende

Plagiat! Höre ich da rufen. Ja, der Bundeskanzler Scholz hat es als erster in den Mund genommen, das ist richtig. Aber schon zur Jahrtausendwende und sicher auch schon davor lag der Begriff bereits in der Luft. Auch ich verwende ihn schon lang, gern in Verbindung mit „Paradigmenwechsel“, von dem ich fast behaupten möchte, ich hätte ihn wieder aus der Mottenkiste herausgeholt. Der Streit wäre aber müßig, bei einem Wort kann man ja auch kaum von Plagiat sprechen. Ich erwähne das auch nur, um zum Ausdruck zu bringen, dass eigentlich zu jeder Zeit notorische Pessimisten Anlass hatten, den Verlust von etwas Wertvollem zu beklagen. Ich erinnere da nur an den Ausspruch der römischen High Society: *o tempora, o mores!,* der schon in meiner Jugendzeit häufig in den Bibliotheken belesener Leute zu finden war. Klagen gehört eben auch immer zum „guten Ton“, wenn auch heute oft nur auf hohem oder höchsten Niveau.

Wozu dann diese lange Vorrede?

Ich mag mich da vielleicht irren, aber mein Bauchgefühl, dem ich bisher als Argumentationshilfe in der Regel misstraut habe, sagt mir, dass es diesmal wirklich ernst ist, dass es ums Ganze geht, wobei dieser etwas verstaubte Begriff im Zeichen der Quantenphysik sozusagen fast auf leisen Sohlen die ehernen Begriffe der Newtonschen Weltsicht unterlaufen, damit eben auch das Wort *Zeitenwende* zu einer neu hereinbrechenden Unheils-Formel angereichert hat.

Noch streiten die Experten, ob die Menschheit nun gerade erst in das *Anthropo-Zän oder schon in das Holo-Zän* eingestiegen ist, doch solang noch um Begriffe gerungen wird, mag die Situation zwar schon hoffnungslos sein, aber doch noch nicht so ganz ernst. Dabei ist es ja völlig egal, unter welchem Signum sich die Rasse des Homo Sapiens abgeschafft hat, wenn im schlimmsten Fall niemand mehr da ist, der den Untergang aufzeichnen kann. So wird schon in Fachkreisen die Meinung vertreten, dass es vielleicht die beste Lösung wäre, wenn dieser so ziemlich abgewirtschaftete Zweig in der Schöpfungsgeschichte des Homo von einem neuen, hoffentlich besseren Versuch abgelöst wird; der Planet Erde würde sicher auch **das** Überleben, und die ihm noch in Aussicht gestellten 12 bis 15 Milliarden Jahre seiner Lebenszeit böten ja durchaus noch Raum für einige weitere Experimente.

Meine These dazu ist: es gibt noch einen Ausweg aus der für bald angesagten Apokalypse, eine Alternative: wenn es dem Homo Sapiens gelingt, diesen so böse unter die Räder gekommenen Titel doch noch zu erringen.

Kapitel 8

Verlust der Seele

Ich lade meine Leser ein, an ganz wenigen von mir selbst erlebten, besser vielleicht: *erlittenen* Beispielen die Beschädigung meines Wertesystems nachzuvollziehen; da sie die meisten Niederlagen schon aus eigenem Erleben kennen, sind dazu gar nicht viele Worte zu machen.

Mein *Anheuern am Raumschiff* Erde erfolgte ein Jahr nach der - immerhin gewaltlosen - Machtübernahme in Deutschland durch einen gewissen Herrn Schicklgruber, der zuvor in einem unfreiwilligen Aufenthalt im Gefängnis von Landsberg am Lech großspurig verkündet hatte, dass er ein tausendjähriges Reich der Prosperität begründen wolle, erst in Deutschland, dann in der ganzen Welt. Unter welcher Weltkatastrophe dieser Versuch zwölf Jahre später gescheitert ist, braucht nicht beschrieben zu werden, er spottet ohnehin jeder Beschreibung. Deutschland erging es einige Jahre lang miserabel, aber der Neuanfang war ein positiver in den Augen der Meisten, denn *das Gute* hatte letztlich doch gesiegt und die „Auspizien" standen günstig, zumindest was den Lebensstandard angeht: es ging damit auch aufwärts, aber auf anderem Gebiet ging es gründlich schief: Gier, Geiz, Egoismus und Rücksichtslosigkeit brachten einen Materialismus zur Welt, der nur noch das eigene Wohl im Sinn hatte und sich in Hass und Gewalt niederschlug. Werte wie *Würde jedes Menschen, Gleichheit und Gleichberechtigung* wurden rhetorisch wohl hochgehalten, aber in der Praxis mit Füßen getreten. Wohl brach eine erfolgreiche Zeit für den Homo Ökonomikus an, aber daran Teil hatten nur Wenige, die Schere zwischen arm und reich öffnete sich immer stärker. Dazu kam, dass die Hoffnung auf ausgleichende Gerechtigkeit in einem besseren Jenseits mehr und mehr wegbrach, die Religionen sich vorwiegend gegenseitig bekriegten in einem hemmungslosen Kampf um Machtpositionen, anstatt sich als Gottessöhne und -Töchter gemeinsam um die Bewahrung der anvertrauten Schöpfung zu kümmern.

Dazu kam eine immer größere Brutalisierung, die von Film und Fernsehen voran getrieben wurde, von den immer brutaleren Computerspielen rigoros übernommen und verbreitet wurden. Nach übereinstimmenden Studien verbrachten viele junge Menschen mehrere Stunden täglich mit dem „Umnieten" von Feinden, wie man diesen „Sport" gern nannte. Dass aus Spiel leicht Ernst werden kann, sollte die Menschheit eigentlich aus der Geschichte gelernt haben!

Auch das Miteinander im täglichen Leben veränderte sich durch die Verbreitung der Handys tiefgreifend, da die Kommunikation weitgehend von der Beschäftigung mit diesen ersetzt wurde. Damit erstarb jede Form von Unterhaltung weitgehend in Schweigen und Kälte. Dafür fanden die Selfies, die überall ins Netz gestellt wurden, großen Anklang, es entstanden ganz neue Berufe wie etwa die Influenzer-Gilde, deren Einfluss auf die Gesellschaft noch gar richtig bewertet werden kann.

Das alles ist nur ein kleiner Ausschnitt aus einer Entwicklung, die aber längst psychotische Formen angenommen hat.

Nun mag das in dieser Häufung etwas einseitig und übertrieben erscheinen, aber ich halte es für vertretbar, von einem tiefgreifenden Wandel der menschlichen Population, von Verarmung und Entmündigung des Homo Sapiens in Richtung Erziehung zu unkritischem Konsumverhalten und beliebiger Verfüg- und Verführbarkeit zu sprechen. Die TV-Reihe „Die Geissens", als Vorreiter eines unverantwortlichen Lebensstils des reinen Genussmenschen, erlebt neue Fernseh-Auftritte und heimst steigende Fan-Quoten ein, so war es kürzlich zu lesen. *Brot und Spiele*, das meinten schon die alten Römer, reichen offenbar als Abspeisung der Massen aus. Der Untergang ihrer „Kultur" war damit als eine zwangsläufige Korrektur der Geschichte vorhersehbar.

Kurz: die sogenannte Aufklärung möchte ich dafür verantwortlich und haftbar machen, dass man der Gattung „Homo Sapiens" die Seele gestohlen hat und sie auf die unterste Ebene der Existenz, die „nackte Materie", so möchte ich es ausdrücken, reduziert hat. Von *„Sapiens"* sind wir meilenweit entfernt, was ist um Himmels Willen passiert?

Oder ist es nur wieder die Ungeduld eines alten Herrn, der in einem Zeitpunkt das in Not befindliche Schiff verlassen muss, wo in Wirklichkeit ein bisher ganz erfolgreicher Prozess in eine neue Entwicklungsstufe einschwingt? Schauen wir uns diese Geschichte doch noch einmal etwas genauer an, mit dem Blick aus dem Krähennest, vielleicht können wir da schon ein Stück hinter die Kimm blicken, also die Sichtweise um etliche Seemeilen in Richtung Zukunft verlängern, um einen längeren Handlungsspielraum zu gewinnen.

Kapitel 9

Von den Freuden des Segelns

Auf denn zurück ins Königreich der Segler!

Da spreche ich jetzt schon mehrfach von einem Königreich des Segelns. Was hat es damit auf sich?

Ich denke, es ist für das Vorstellungsvermögen des Lesers gut, schon etwas vom „Kleinen König" gehört zu haben:

> Es handelt sich um eine hübsche und ausdrucksvolle Stein-Plastik, die mir zu meinem achtzigsten Geburtstag zugeflogen ist. Da sitzt ein mit einer schimmernden Krone ausgestatteter Junge auf einem hohen Leuchtturm, lässt die Beine locker herunterhängen und verweist auf den im Fuß des Leuchtturms eingeritzten Text:
>
> *FROH ZU SEIN BEDARF ES WENIG,*
>
> *UND WER FROH IST, IST EIN KÖNIG.*
>
> Der dazugehörige Kanon dürfte allgemein bekannt sein, damit auch der Grund für seine Aufnahme in meinen Text. Es ist mehr als eine Kapitel-Überschrift, es ist mein Lebensmotto, welches mich ganz eindeutig auf das Segeln verweist, deshalb ist seine merkwürdige Geschichte in einem späteren Kapitel auch nachzulesen als ein gewichtiges Teilstück für mein Lebenspuzzle. Denn FREUDE ist nicht nur ein etwas abstrakter ***schöner Götterfunke***, sondern das beste Geschenk, das man sich selbst und auch al-

len Anderen machen kann. So steht mein **Kleiner König** auch für die Botschaft dieses meines „Geschenk-Büchleins".

So lade ich denn ein in mein

Königreich der Freude.

Alles hat einen Anfang, so auch die Geschichte mit dem Krähennest.

In unserem Fall begann es mit der Attacke meiner Mutter kurz nach der Geburt des heiß ersehnten Stammhalters auf meinen Vater, dass er nun zum weiteren Glück doch auch noch etwas beizutragen habe und seinen Kindern ein winziges Grundstück an einem Badesee nahe München besorgen müsse. In den Vordergrund schob sie dabei geschickt meine um 14 Jahre ältere Schwester, die gerade zu pubertieren begann und somit einen Platz für intime Körperpflege abseits der *geilen* Öffentlichkeit benötige; na ja, „geil" wird sie sicher nicht gesagt haben, denn das war zu dieser Zeit noch nicht in aller Munde. Dagegen glaube ich ihr keinen falschen Zungenschlag anzudichten, wenn ich bei ihr im Hintergrund eine Denke vermute, die so etwa in der Vulgärsprache in der Aussage mündete, dass Männer ohnehin mit ihrem Anteil an der Zeugungsarbeit noch nicht eben viel geleistet hätten.

(Ich habe das später noch etwas präziser, dafür aber weniger elegant formuliert: was tragen Männer schon zum Erhalt der Menschheit bei? Einen Schuss Worcestersoße, das ist alles!)

Er fühlte sich offenbar an der Ehre gepackt und organisierte für die sprichwörtlichen Attribute „'n Appel und ein Ei" ein solches auch damals schon kaum noch zu bekommendes See-Grundstück am Wörthsee, das wegen seiner steilen Hanglage als unbebaubar galt und deshalb für den Fischer-Vater erschwinglich war.

Diese Einschränkung focht aber die Fischer-Mutter nicht an, die ja aus Sontheim bei Heilbronn als Tochter eines weithin bekannten „Wengerters“ in Sachen Weinbau am Steilhang erfahren war und den Steinebacher Bauleuten schon beibrachte, was „im Ländle“ eine Harke ist.

Der Hang also wurde bebaut mit einer Badehütte, die sich im Lauf der Jahre zu einem Wochenend- und Ferien-Domizil weiterentwickelte und einer Vielzahl von Freunden und Besuchern offenstand, Seezugang mit Steg und segelbarem Kahn inbegriffen, das aber vor allem ein Dorado für Kinder und Enkel wurde. Da es in der Mitte des Ostufers in einer Mittelhanglage von etwa zehn Metern Seehöhe *hingepappt* worden war, bot es von seiner Veranda aus einen grandiosen Blick auf die *Bühne des Lebens*, auf fast den ganzen See, die prächtige Landschaft und den endlos verwandlungsfähigen Himmel, alle Vorzüge also, wie sie der Blick aus dem Krähennest auch zu bieten hat; eine gute Vorübung auf die späteren Ausguck-Erlebnisse auf dem schwankenden Schiff. Allerdings hatte ich als Hauptnutzer des hübschesten Häusels am See, wie Viele meinten, des Nachts in meinen Träumen damit jahrelang zu kämpfen, es vor dem Absturz den Hang hinunter in den Abgrund zu bewahren, denn vor allem, nachdem in den Nachkriegsjahren ein zugewiesener Ost-Flüchtling das Gelände rücksichtslos zu einer Hühnerfarm umfunktioniert hatte, war eine deutliche Schieflage unverkennbar.

Immerhin: das „Haus Hanna“ steht noch, soweit ich weiß. Wir mussten unser kleines Paradies allerdings 1972 krankheitshalber –

Gehirntumor meiner Frau – leider verkaufen, haben dafür aber später mit eigenem (mitwachsendem) Schiff das Mittelmeer von West nach Ost, also gegen den Uhrzeiger, in Etappen fast ganz umrundet. Die wunderbare Reise endete, wieder krankheitshalber, 2002 in Korfu im ionischen Meer, wenn man so will also im Land der deutschen Sehnsucht.

Im Nachhinein haben wir es nicht bedauert, nur immer ferienhalber unserer Leidenschaft frönen zu können, statt in einem Rutsch ganz um den Globus herum zu segeln; die wechselweise Kombination zwischen Meer und Land war für uns sicher die bessere Lösung.

Doch habe ich unsere Segel-Abenteuer in meinem Erstling 2007 in dem Buch „**Den Wind in der Hand**" ausführlich beschrieben, so dass ich jetzt nur noch ein paar Geschichtlein aus dem Ärmel ziehen kann, die in erster Linie zur heiteren Unterhaltung geschrieben worden sind und meist dann den Festen im Freundeskreis etwas Glanz aus dem Seglerleben zu verleihen suchten.

Daraus folgen nun in dem nächsten Kapitel einige ausgewählte Beispiele, die nach dem Geheiß meines Kleinen Königs als Bereicherung der Familien-Chronik einfach etwas Freude aus dem Königreich der Segler an Land bringen sollen, um den halbverdursteten Seelen etwas Linderung ihres freudlos-trockenen Leidens zu bringen.

Hier sollte ich zum Ablauf meines etwas durcheinander gewürfelten Programms anmerken, dass es schon mehrfach infolge des dramatischen Geschehens in der Ukraine verändert worden ist, meist gekürzt, dann aber auch wie-

der ergänzt. So hatte ich schon das Kapitel von den Freuden des Segelns ganz gestrichen, kam dann aber wieder zu dem Ergebnis, dass ich damit einen der wichtigsten Teile meines Lebens ausklammern würde, womit die aktuellen Ereignisse um kein Jota an Milderung oder gar Verbesserung erführen. Umgekehrt wird eher ein Schuh daraus, da Freude ja ein Lebenselixier darstellt, sollte sie erstrecht als eine Art Hausmittel so oft wie möglich verabreicht werden.

Inzwischen bin ich allerdings auf eine Alternative verfallen, nämlich die Freuden des Segelns gebündelt in einem eigenen Buch zu präsentieren, dessen Inhalt dann hoffentlich nicht ständig unter dem Druck der schlimmen Tagesaktualitäten durcheinandergewirbelt wird. Ich bitte also noch einmal um Verständnis für meinen scheinbar mutwilligen Umgang mit den Zeitläuften!)

Kapitel 10

Spielerei im Krähennest

Heutzutage ist so ein Krähennest natürlich eine „g'spinnate Idee", noch dazu auf so einem Winzling wie unseren 35 Fußschiff *Tom Dooly III.* Amerika ist ja schon entdeckt, und in unseren Breiten ist nicht zu erwarten, dass die Seekartenmacher noch eine Insel übersehen haben. Außerdem ist die Gefahr in unserem Heimatrevier, dem Mittelmeer, einem Piraten zu begegnen, glücklicherweise sehr gering, so dass man also gut die Kosten für so einen Mastkorb sparen kann. Dennoch haben wir viel Freude daran gehabt, und es gibt auch ein delikates kleines Geschichtchen, das in der Regel zu einem Schmunzeln, wenn nicht zu einem Lacher oder gar Brüller führt, wie man in der Comedian-Szene das gern ausdrückt.

Das lässt sich kein Erzähler gern entgehen und so soll meine Leser nun meine Schnurre erheitern:

Wie ich mir eine Schwiegertochter angelte.

Dies ist eine weitgehend wahre Geschichte, wenn ich auch zugebe, dass sie aus einer sehr subjektiven Sicht geschrieben ist, eben der eines Schwiegervaters. Und sie liegt auch schon gute dreißig Jahre zurück, was für einen Achtzigjährigen eine lange Zeit ist, in der doch so manche Erinnerungslücken durch eine noch immer reichlich blühende Fantasie aufgefüllt werden wollen.

Das Leben hat mich recht großzügig mit den von Anfang unserer Liebesbeziehung an erwünschten vier Kindern beschenkt; statt „Natur" könnte ich auch sagen: meine Frau Marianne, aber letzt-

lich käme das auf das Gleiche heraus, denn Marianne verkörpert für mich an erster Stelle die Natur, wie das ja wohl auch nicht selten vorkommt. Übrigens hatten wir uns in dem gegenseitigen Wunsch nicht festgelegt, was das Geschlecht dieser vier Kinder angeht: da war alles willkommen, wenn es nur gesund an Körper und Geist wäre. Das war dann bei der Geburt so und noch lange Jahre der Kindheit so. Aber als sich so langsam die Unterschiede der Geschlechter bei unseren Kindern herauskristallisierten, wurde mir klar, dass ich auch ganz erhebliche Unterschiede, was den zu erwartenden Familienzuwachs angeht, für mich und meine Familie zu erwarten hätte: bei den Töchtern würde das ein fremder Mann sein, ein Eindringling, ein Pirat, der mir ganz schlicht eine Tochter rauben würde, bei dem Jungen dagegen eine liebreizende Jungfrau, die auch mein Leben mit zusätzlicher Lust und Freude erfüllen würde. Ihr standen dementsprechend meine Arme ohne Einschränkungen offen, für die Piraten aber hätte ich am liebsten einen Dolch im Gewande versteckt.

So etwa war die Ausgangslage, als bei unserem Sohn Stephan die ersten Anzeichen der beginnenden Brautsuche zu erwarten waren. Genau genommen traten diese Anzeichen allerdings für mich nicht offen zu Tage, ja, ich hatte auch den Eindruck, dass er sich damit recht lange Zeit ließ, ja, ich meinte, sein Vater hätte da die Augen weit offener auf ein Ziel gerichtet als er, schien er mir doch lange Zeit in erster Linie der Familie verhaftet zu sein.

Nun, als echter Fischer hatte ich mir rechtzeitig ein Fanggerät für angehende Schwiegertöchter bereitgelegt. Dass da Haken und Leinen nicht das Richtige sein würden, war mir recht bald klar, denn trotz zahlreicher am und auf dem Wasser zugebrachten Stunden waren mir noch keine See-Jungfrauen erschienen. Dass ich trotzdem ein wenig mit dem Reich des Märchenhaften liebäugelte und an Nymphen, Kobolde, Feen und Nixen dachte, ist wohl ein Relikt eigener frühkindlicher Träume gewesen, in denen Jungfrauen aller Art eben einen sagenhaften Nimbus erworben hatten. Dazu kam bei mir noch eine ausgeprägte Neigung, ja Sehnsucht nach der für mich Jungen ungeheuer faszinierenden Welt des Zirkus, in die ich am liebsten mit fliegenden Fahnen übergewechselt wäre. Ja, für ein Zirkusprinzessin, die ich wenigstens für den Sohnemann an Land ziehen wollte, war schon anderes Angelgerät von Nöten: feinstes Garn und unsichtbare Netze, dazu Geduld und List.

Nun, als erstes kaufte ich mir ein Segelboot, aber nicht etwa nur so einen kleinen Kahn, sondern eine schmucke Yacht mit mehreren Kabinen, auf der schon mal mehrere Personen übernachten könnten. Mit Marianne war ich schnell einig, dass wir damit zwar nicht direkt eine Fangmaschine, aber doch eine wunderbare Testeinrichtung hatten, um allen auftauchenden Nixen und ähnlichen übernatürlichen Wesen, so sie sich auf einem Törn in ein Wesen aus Fleisch und Blut verwandeln sollten, auf den Zahn zu fühlen. Und so geschah es.

Doch es war nicht nur der Zahn, der da getestet wurde, sondern auch durchaus eindrucksvollere Körperlichkeiten der potenziellen Schwiegertochter. Es war zwar bei der dann Erwählten schon im Normalzustand nicht zu übersehen, dass sie gut gebaut war, aber die echte Probe aufs Exempel ließ sich nicht so ohne weiteres durchführen. Dazu bot aber der beliebte Segeltörn mit den Kindern eine unerwartete Chance:

Eines Tages stellte uns Stephan seine neue Freundin Vreni vor. Das heißt, so förmlich ging es wahrscheinlich gar nicht zu, wir haben sie vermutlich zum ersten Mal auf einem Fest erlebt, genau kann ich das nicht mehr sagen. Jedenfalls gewann die Macht des Faktischen wieder einmal mit lockerer Hand das Spiel und degradierte uns zu Zuschauern des weiteren Geschehens. Doch irgendwann kam auch unsere Stunde: Vreni wurde zusammen mit Stephan auf das Schiff nach Spanien eingeladen, und sie biss an! Zur Kaschierung fuhr noch ein weiteres Freundespaar mit. Und der Törn wurde zum vollen Erfolg: Vreni eroberte unsere Herzen im Sturm, wie auch im leise säuselnden Abendwind, ja auch bei absoluter Flaute. Und ich denke, so ist es bis heute geblieben.

Eine zwar nicht entscheidende, aber doch sehr überzeugende Rolle spielte dabei die Möglichkeit, von den Maststufen zum Krähennest beim Vor-Anker-liegen ins Wasser springen zu können, was die Kinder mir heller Begeisterung auch taten. Vater, der wie üblich auf spektakuläre Szenen für den Urlaubsfilm lauerte, hatte auch eine Unterwasser-Kamera, und machte damit tolle Bilder. Darunter war auch ein Sprung der Auserwählten, bei dem ihr das Oberteil ihres Bikinis abplatzte und die sonst damals noch sehr züchtig gehütete weibliche Herrlichkeit entblößte. Eindeutiges Ergebnis: mit Auszeichnung bestanden! Alles vom Feinsten, Nachwuchs kann kommen!

Stephan haben wir übrigens von unserem heimlichen Test und seinem Ergebnis nichts gesagt; es hätte ja sein können, dass er argwöhnisch dann genau das Gegenteil getan hätte, was seine Eltern für gut befunden hatten.

Übrigens war damit aber das glückliche Ende der Episode noch in weiter Ferne. Die Vorläufigkeit erwies sich als ein recht zäher Zustand und so ging Jahr um Jahr mehr oder minder ereignislos ins Land, bis uns die Beiden mit einem „Warum eigentlich nicht?“ überraschten. Wie der listenreiche Odysseus hatte ich inzwischen einen wertvollen Gehilfen angeheuert, und zwar einen hölzernen Kulissenschieber, der sein Marionetten-Dasein gerne einmal zu lustigen Streichen unterbrach. Und er konnte dichten! So entstand unter anderem der zwar literarisch einwandfreie, aber assoziativ eher gewagte Reim: „Sie sucht den Liebsten, er die Liebste: Auf! Kulissenschieber, auf, jetzt schiebste!" und tatsächlich, es funktionierte: die Hochzeit konnte gefeiert werden. Und das mit Glanz und Gloria, ein rauschendes Fest, das mit seinem unwiderstehlichen Schwung sozusagen bis in die Gegenwart hereinreicht.

Nachwort: Der Traum eines Schwiegervaters ging gleich doppelt in Erfüllung, denn mit Vreni trat tatsächlich so etwas wie eine Zirkusprinzessin in unser aller Leben: sie hat ständig irgendwelche überraschenden Tricks auf Lager: mal fährt sie Einrad, mal jongliert sie, mal tanzt sie wie ein Kobold auf Ski, mal hängt sie wie ein Affe im Trapez. Das Schönste, finde ich, ist aber, wenn sie dich mit ihren blitzenden, fröhlichen schwarzen Augen anlächelt. Dann hat sie etwas von einem Clown, und selbst Popow, der Altmeister in dieser Disziplin kann es nicht schöner.

(Für Vreni zum fünfzigsten Geburtstag)

Jetzt möchte ich auch noch etwas Nachdenkliches aus dem Krähennest bieten, ich meine das meinen Lesern zum Abschied von diesem vermutlich nicht wiederkommenden Aussichtsplatz schuldig zu sein. Es ist eine Reprise aus meinem Buch *Den Wind in der Hand,* und es ist eher etwas für's Gemüt, aber das sollte ja auch nicht zu kurz kommen.

Gedanken im Krähennest

Einmal abgesehen vom grammatikalischen Geschlecht empfinde ich Segeln als eine weibliche Disziplin. Das kann man ganz gut nachempfinden, wenn man sich, und sei es nur gedanklich, ins Krähennest begibt.

Gehen wir von einem Tag ohne nennenswerten Wind aus, sodass der Skipper keine Segel gesetzt hat und somit volle Rundumsicht gegeben ist. Man kann sich dann ganz gemütlich auf dem Holztritt niederlassen und die Beine und auch die Seele baumeln lassen…

Schaue erst einmal in Ruhe um dich und genieße das leichte Wiegen des Schiffes, es ist vielleicht sogar etwas einschläfernd und lädt dich zum Träumen ein. Was beobachtest du – der Seemann sagt dazu übrigens: wahr schauen, ich meine, ein sehr schöner Ausdruck.

Sicher bist du beeindruckt von der unendlichen Weite der Wasserfläche, die ja auch hinter der Kimm, dem für dich sichtbaren Horizont, endlos weitergeht. Du beobachtest das Wetter, die Wolken, das Wellenbild, die millionenfachen Reflexe der Sonnenstrahlen auf dem Wasser. Und du freust dich über die Wärme dieser Strahlen auf deiner Haut. Und vielleicht vernimmst du eine feine Melodie des Windes. Merkst du, dass fast alle diese Worte mit „W" beginnen? Und dass alle W-Worte, die sonst so stark im Vordergrund stehen, wer, wo, wie und wann, nicht mehr ihre dominante Rolle spielen? Vielleicht sind es andere W-Worte, die in dir aufsteigen: woher, wohin, warum, die gewichtigen Lebensfragen. Dazu kommen noch weitere: wahrnehmen, warten können, gewähren lassen…

Ich denke, es sind Worte einer weiblichen Sphäre, die eher mit passivem Einfügen als mit aktivem Gestalten und Durchsetzen zu tun haben. Segeln ist nach meinem Empfinden kein Sport des unbeugsamen Willens, sondern eher des sich Fügens, eines demütigen und dankbaren Einverstanden-Seins. Nicht dein Ehrgeiz bringt dich vorwärts, sondern das Mitspielen in einem Szenario, das nicht du arrangiert hast. Es ist eine wunderbare Medizin gegen Verspannung und Verhärtung. Vielleicht gehört ja auch das Wort „Weisheit" in diesen weiblichen Kontext mit hinein...

Kapitel 10

Land in Sicht und aus der Sicht des Raumschiffes Erde

Ausgangspunkt ist das sichere Wissen, dass seit dem Beginn der Schöpfung mit dem „Big Bäng" bis heute schon eine lange Zeit vergangen ist und das fast genauso sichere Wissen, dass dieser Prozess auch in die – mindestens nächste – Zukunft noch weiter gehen wird, ob mit oder ohne den Homo Sapiens, soll uns jetzt einmal nicht interessieren. Und ebenso sicher dürfen wir erwarten, dass das Universum sich noch weiter entwickeln wird, ob in der gleichen „exorbitanten" Geschwindigkeit wie bisher oder langsamer oder schneller, ist nicht entscheidend für unsere Überlegung; wichtig ist nur, ob der Pfeil oder die Entwicklungsrichtung auch weiterhin aufwärts gerichtet ist. Aber alles deutet darauf hin, und die Fachleute meinen gar, dass die Schöpfung erst die Hälfte des Gesamtweges bis an ihr Ende durchlaufen hat. Woher sie dieses Wissen nehmen, wollen wir jetzt nicht hinterfragen, denn es geht ja vor allem um die nächste Zukunft, die Zeitspanne von einigen Generationen, die wir in den Blick nehmen, wenn wir von Zukunft sprechen, alles andere übersteigt ohnehin bei weitem unser Vorstellungsvermögen.

Unter diesen Prämissen ist es somit wahrscheinlich, dass das Universum weiter besteht und der Planet Erde sich erstens weiter um sich und seine Sonne drehen wird, und zweitens noch ein beträchtliches Entwicklungspotential vor sich hat.

Von daher scheint es also durchaus vertretbar, der *„Divina Commedia Humana"* noch so einige Spielzeiten, nach menschlichen

Maßstäben gesehen, zuzugestehen, einen Total-Absturz jetzt einmal ausgeklammert. Anders ausgedrückt: die Menschheit bekommt die Kurve rechtzeitig in den Griff und kann somit ihr hasardeskes Spiel weiter fortsetzen, ja dann verengt sich der Fokus auf die Frage: hat der Homo Sapiens sein Potential möglicherweise noch nicht ausgeschöpft, seine Zukunft noch vor sich, kommt die Sorge um sein bevorstehendes Ende also zu früh? Ohne Dramatik gedacht: was sind seine – unsere Chancen?

Wenn sich dann unsere Nerven ein wenig beruhigt haben, stellt sich dann aber sofort die Frage: kann es so weitergehen wie bisher oder sind nicht doch tiefgreifende Änderungen notwendig, dass es überhaupt weitergeht, dass gedeihliches Zusammenleben im Raumschiff gestaltet werden kann?

Damit ist nun der Punkt erreicht, auf den es jetzt ankommt. Nach meiner festen Überzeugung besteht da ein zwingender Zusammenhang: ohne grundlegende Fortschritte im sozialen Miteinander aller Menschen, - welchen Titel diese Gesamtbelegschaft des Raumschiffs Erde auch verdient, ist da relativ bedeutungslos -, das hat Harald Lesch mit seinem Buchtitel *„Die Menschheit schafft sich ab" mit* prophetischer Gabe vorgestellt. Diese vorsichtige, aber schmerzhafte Erkenntnis geht bei mir bis in die Eingeweide, und oft genug bin ich der Verzweiflung nahe, weil der nun mit höchster Dringlichkeit zu erwartende Aufbruch zu neuen Ufern nicht zu erkennen ist. Die Zeitenwende ist ja nicht etwas, auf deren Eintritt man in Ruhe warten könnte, bis sie sich von selbst einstellt, sie muss erarbeitet werden, und das ist wahrlich den Schweiß der Edlen wert.

Geduld, Vater, Geduld! so klingt mein Ruf in den Wald aus den Worten meiner Kinder und Enkel zurück, und das ist nicht nur ein billiger Trost, es ist mein ganzes Glück, denn da tut sich etwas, da kann ich nur beschämt den Hut ziehen. Eigentlich sollte ich da noch ein Kapitel darüber schreiben, aber das würden meine Kinder gar nicht wollen. Doch genau das ist es, was jetzt passieren muss: jeder Einzelne ist als ***Peaceworker*** gefordert, Demonstrieren reicht da nicht. Das andere wäre: auf der so oft zitierten globalen Ebene müsste es einen neuen Ansatz geben in Richtung **Ächtung von Hass und Gewaltanwendung,** die Charta der UN hat da meines Erachtens eine Überarbeitung dringend nötig; allerdings habe ich selbst allergrößte Zweifel, ob z.B. die weltweite Waffenlobby je zu einem Umdenken gebracht werden kann. Doch sollte man nicht so schnell die Flinte ins Korn werfen – wie schön diese Katachrese hier hinpasst -, denn wie man am Beispiel Costa Rica sieht, kann man ein Land bzw. einen Staat ganz gut auch ohne Militär regieren!

Ja, und dann gäbe es auch noch einen anderen Weg: dass unser blauer Planet von außen bedroht wird, also von „Außerirdischen". Ob man sich das freilich wünschen sollte, weiß ich nicht. Ich halte es aber auch nicht für ganz und gar ausgeschlossen, dass ein solcher Fall eintreten könnte, auch ohne, dass wir da lange vorher gefragt werden. Doch das ist ein anderes Thema.

Zurück zur Sapientia. Es gibt da noch einige wichtige Gedanken.

Nehmen wir also an, die Menschheit hat noch ein Stück des Weges zum Aufstieg in die nächsthöhere Erkenntnis-Stufe zu gehen, dann mag das ja eine sehr glückliche Aussicht für künftige Generationen bieten, wo aber bleibt der *„Gast" aus dem Krähennest?* Wir haben ja zu berücksichtigen, dass es neben dem „Kosmos" auch noch knapp zwei Milliarden *„Kosmöschen"* gibt! Diesen etwas sehr kindlichen Verkleinerungsbegriff verwende ich gern für die individuelle Seite des kosmischen Gebäudes, also den einzelnen Menschen und dessen „Vervollkommnung“. Hat er nicht auch den Auftrag, gar das Anrecht, nach der Klugheit zu streben, dem Titel **Sapiens** näher zu kommen?

Diese Frage führt leider wieder auf ein Problemfeld der Philosophie sowie der Religion, auf dem guter Rat nicht nur teuer, sondern praktisch nicht zu bekommen ist. Dazu muss ich dennoch einmal eine Bibelstelle heranziehen, die, wen wunderts, wieder auf Salomo zurückgeht, höchstwahrscheinlich jedenfalls, denn ihm wird die Vaterschaft an dem Buch „Psalmen“ zugeschrieben.

Im Psalm 90 jedenfalls steht der recht gut bekannte Satz über das Leben des Menschen:

> *Unser Leben währet 70 Jahr, wenn es hoch kommt, werden es achtzig. Das Beste daran ist nur Mühsal und Beschwer, rasch geht es vorbei, wir fliegen dahin.*

Weniger bekannt sind die beiden folgenden Verse:

> *Lehre uns, unsere Tage zu zählen, dass wir ein weises Herz gewinnen.*

Halten wir fest: jeder Einzelne, der bis in dieses Alter vorstößt, darf darauf hoffen, noch einen Zugewinn im Alter an Weisheit verbuchen zu können! Wie schön und erfreulich. Da ich mich schon eine ganze Weile in dieser Altersgruppe herumtreibe, kann ich da auch ganz handfeste Beispiele nennen, die mir ganz persönlich zugedacht wurden, so etwa das wundersame Geschenk des *„Kleinen Königs“*.

Erst kürzlich aber kam mir der fatale Gedanke, wie das mit der Verteilung von Gut und Böse denn eigentlich so bestellt ist. Der

Anlass dazu war der überfallartige Beginn des ukrainischen Kriegs am 24. Februar dieses Jahres und der spontane Gedanke, dass Putin wohl eine „Ausgeburt der Hölle“ sein müsse, wie dass meine Mutter schon über den „Unheilbringer“ Adolf Hitler immer sagte.

Verfolgt man diesen Gedanken weiter, kommt man unweigerlich auf die Frage: ja wer verteilt denn die Rollen in dieser „Divina Commedia“? Sollte die Rolle des Bösen etwa schon bei der Geburt vergeben worden sein? Dann würde ja der Protagonist nur Ausführender in einer Rolle sein, die ihm sozusagen in den Mund gelegt worden ist! Was wiederum zur Konsequenz führen müsste, dass das ganze Gebäude der Moral und ihrer Beurteilung weitgehend in sich zusammenfiele.

O Schreck! Höre ich da im Geist so manche Reaktion aus dem Leserkreis, die ich mir gar nicht weiter ausmalen will, so etwa in der Richtung: was rührt dieser Kerl denn da auf? *Den Kerl* kann ich ja noch einigermaßen verschmerzen, wenn ich da nur selbst eine befriedigende Antwort wüsste. Doch ist das ja leider noch nicht einmal das Ende der Fahnenstange, denn dahinter lauert ja auch eine noch heiklere Frage: wenn es richtig ist, dass der Mensch den Marsch durch die Institution ERDE zu machen hat, um etwas daraus zu lernen, dann sollten doch auch die Aufgaben, die ihm dazu gestellt werden, so austariert sein, dass es am Ende irgendwie gerecht zugeht. Jetzt wieder aus der Sicht der Gesamtveranstaltung Schöpfung: das Böse, das wir so gerne ausrotten würden, wird ja offenbar als Baumaterial gebraucht, und zwar für jeden „Aufstiegsaspirant“ aus dem Kreis der Erdenbürger und auch zu allen Zeiten und Äonen!

Und schließlich fragt der aufgeschreckte Verstand dann auch noch danach, wofür denn das überhaupt gebraucht wird, was da gelernt werden soll?!

Wenn man so tief in das Dickicht eingedrungen ist, erkennt man, was dem „Weisewerden“ sich da in den Weg stellt, dann wird einem ganz schwindelig und schwarz vor dem geistigen Auge, und ich fürchte, dass man sich da nur ganz bescheiden zurückziehen kann in dem Gedanken, den Albert Einstein so köstlich formuliert hat:

> ***„Falls Gott die Welt geschaffen hat, war seine Hauptsorge sicher nicht, sie so zu machen, dass wir sie verstehen können.“***

Nun ja, daraus ergäbe sich, dass da noch einige Überraschungen im Busch sind, was die Wahrscheinlichkeit immens erhöht, dass unsere Freunde in *„Oriente Lux“ vielleicht doch* den richtigen Riecher in Sachen *mehrfaches Leben* haben.

Was bleibt nun, wenn man als Autor seinen Pegasus in den Stall gebracht hat, an Erkenntnis übrig?

„Ich weiß, dass ich nichts weiß“, das Wort von Sokrates scheint mir tatsächlich der Weisheit letzter Schluss zu sein. Ich kann nur konstatieren, dass dieser halsbrecherische *Ritt, so etwa wie der durch Nacht und Wind des Erlkönigs* durchaus den wildesten Ritten mit meinem Schiff über eine dramatisch wogende See gleichkommt, der krächzende Ruf aus dem Krähennest aber recht kleinlaut unterblieb, der **neues Land** verkünden sollte.

Also bleibt als „Norgerl“ in dem *Weisheitshumpen* nicht viel mehr, als die Aussicht auf die „Seelenwanderung“:

> Die „Wolke des Nichtwissens“ erscheint jedenfalls auch weiterhin so undurchdringlich, dass der dahinter verborgene Lernstoff noch für eine Vielzahl von weiteren Inkarnationen ausreichen sollte, wie sie ja von unseren Brüdern und Schwestern im Orient als religiöses Dogma seit jeher verkündet wird.
>
> Diese Alternative mündete also in die rhetorische Weisheit:
>
> ***LAND IN SICHT erst wieder im nächsten Leben!***

Sozusagen als *Beipack gratis* sind aus dem mageren Fundus an Weisheit doch ein paar grundlegende Erkenntnisse hängengeblieben, wenigstens für mich.

Da ist zunächst einmal der Komplex Menge und Vielfalt.

Damit meine ich die Entdeckung, dass die Schöpfung ein Produkt der Unendlichkeit – jetzt im wörtlichen Sinn des Wortes - zu sein scheint: sowohl die Menge an „Probanden“ des Versuchs Homo Sapiens ist mit einer nennenswerten zweistelligen Milliardenzahl an Individuen – die nur in den letzten zwei oder drei Generationen den Planten bevölkert haben, als auch in der schier unglaublichen Vielfalt jedes einzelnen Exemplars nur mit *unendlich* zu beschreiben; nicht nur die Fingerabdrücke, die Zeichnung der Augen oder die Form der Schneeflocken sind Unikate, wiederholen sich also nicht, auch in den „Blaupausen“ der Natur herrscht ein ungebremster Drang nach Einmaligkeit, nach Einzigartigkeit. Diese Erkenntnis erscheint mir überaus wichtig, weil sie unter anderem den Grundsatz der „Unübertragbarkeit" von Lösungen von Fall zu Fall begründet. So ist daraus konsequenterweise zu folgern, dass es keine *„überindividuelle Wahrheit" für das Individuum gibt, jeder Mensch hat seine eigene,* vermutlich ist selbst die gedachte Summe aller Einzel-Wahrheiten noch nicht die Gesamtwahrheit, denn das Ganze ist nach gängiger Definition grösser als die Summe seiner Teile. Das ICH und das NICHT-ICH sind eben zwei verschiedene „Kosmöschen". Papst Benedikt der 16. hat auf die Frage, wie viele Wege es zu Gott gibt, klugerweise die Antwort gegeben: so viele, wie es Menschen gibt. Das war zwar nicht *ex Kathedra,* aber meines Erachtens sehr weise.

Auf unser Thema „Weisheit" bezogen bin ich geneigt zu postulieren, dass es sie genauso wie die Wahrheit, nicht in toto gibt, sondern nur scheibchenweise, eben in dem den Menschen zugeeigneten Maßstab. Alles, was darüber hinaus geht, ist dann auch wieder erst im Holon, im Ganzen zu haben.

Bei dieser Gelegenheit erlaube ich mir, eine Lanze für die Homöopathie zu brechen. Nicht ganz zufällig gibt der Name dieser von Materialisten ja streng abgelehnten Heilungsmethode das Maß für menschliche Anwendung vor, die sich nach dem häufig vernachlässigten Grundsatz aus „Träger" und „Information" zusammensetzt. Davon verstehe ich so ein bisschen etwas, denn es ist der Grundsatz, nach dem die ganze *„Computerei"* funktioniert. Ich würde mich nicht wundern, wenn dieses Prinzip sich auch beim Eintritt ins Jenseits als ganz normal herausstellte, aber das ist nun wirklich in höchstem Maße Spekulation.

Und weil ich schon gerade bei diesem Thema bin: meine Lebenserfahrung lehrt mich, nichts für unabänderlich und ewig gültig anzunehmen, was menschliches Erkenntnisvermögen herausgefunden hat, sondern alles für möglich zu halten, so lange sich kein Gegenteil als richtiger, besser: als wahrscheinlicher erweist. Das führt mich im Ergebnis auch dazu, keine Religion für richtiger zu halten in dem Bild, das sie sich von dem e i n e n Gott machen, denn an diesen glaube ich; denn wenn es einen Schöpfer des Universums – in dem das Wort e i n e „Welt" ja auch schon drinsteckt – gibt, dann ist es mit hoher Wahrscheinlichkeit nur einer: das heißt dann aber auch, wir haben alle den Gleichen, wir sind somit alle Kinder eines Gottes. Wenn wir das doch nur begreifen würden!

An dieser Stelle noch einmal einen besonderen Gruß an meine Leser, an Dich, Schwester und an Dich, Bruder! Lasst Euch umarmen im Geiste!

Ist doch eigentlich alles ganz einfach, wenn man seinem Verstand mehr zutraut als dem Gefasel, was ständig und von allen Seiten auf einen einprasselt. Damit lebt es sich dann auch viel ruhiger und gelassener, bekanntlich die Devise der griechischen Philosophie, genauer der ***STOA: GELASSENHEIT.***

Ja, genau da wollte ich hin...

Kapitel 11

Die Wunderbar

Und genau da sitze ich nun und plage mich, wie seinerzeit beim Deutsch-Abitur mit dem Rat meiner Lehrer: *...und zum Abschluss noch einen überraschenden Gedanken, das macht sich immer gut!*

Ja, da wäre dann wieder Fannie gefragt, die immer etwas auf Lager hat, wenn es um das Manöver des letzten Augenblicks geht. Das ist nun zwar wieder ein nautischer Begriff, ein Manöver, das den Zusammenstoß zweier Schiffe verhindern soll, doch heißt das neue Motto im Zeichen der Ganzheit ja: alles hängt mit allem zusammen, so sollten die Zeiten des Schubladendenkens, in dem Separieren und Abstrahieren und ständiges Streiten die Devise war, vorbei sein. Ich finde immer mehr Spaß dabei, wie ein wildgewordener Affe herum zu toben, was einerseits meiner altersmäßig bedingten somatischen Beschränkung, andererseits meiner durchaus noch intakten sprachlichen Artikulation sehr gelegen kommt. Und wer wüsste das nicht besser als Fannie, die darauf offenbar schon gewartet hat. Leider kann ich ihr aber nicht beibringen, dass sie ihre wohlgemeinten Vorschläge zum Abschluss eines dichterischen Produkts nur immer sehr kurz halten darf, sie kapiert es einfach nicht, sie will es nicht kapieren. Möglicherweise liegt das aber auch daran, dass der alte Herr nicht der Versuchung, von der man so ab und an von anderen hören kann, der senilen Bettflucht erlegen ist, sondern im Gegenteil darauf beharrt, dass sein Tag ja ohnehin schon vor seinem Anbruch angebrochen ist, lediglich der Übergang in die aufrechte Position noch etwas im Verzug sei. Letztlich gibt sie sich damit auch zufrieden und beschäftigt mich liegend. Im Übrigen ist es ja auch etwas viel verlangt, ausgerechnet von der Fantasie Beschränkung zu verlangen...

Im vorliegenden Fall allerdings begann die Vorstellung schon am Vorabend mit einem Besuch der „**Wunderbar**".

Von deren Existenz – und zwar sogar im eigenen Anwesen - hatte ich bis jetzt selbst noch nichts gewusst. Ich hatte lediglich beschlossen, mich am späten Abend noch mit einer Flasche Rotwein auf meine Terrasse zu setzen, um den Aufgang des Juni-Vollmonds, von den Medien als *Supermond* groß angekündigt, gebührend zu bewundern und vor allem meinen geliebten *Glühwürmchen* noch einmal Lebewohl zu sagen; man weiß ja nie!

Der Abend hatte dann alles im Gepäck, was man erwarten kann: der *Supermond* hing zum Greifen nahe im Geäst des alten Apfelbaums und protzte am ansonsten astreinen Abendhimmel mit seinen prallen Reizen, so dass mir spontan Orffs *„Oh, oh, oh, totus floreo"* auf die Lippen kam, die Zeile aus den Carmina Burana, die sehr gut genau unter dem aufgehenden Mond und dem gerade verblühten Apfelbaum im Abstand von 20 km entstanden sein können und somit in direkter Linie aus Benediktbeuern herüberschwingen konnten. Ja und der Jugend gedenkend, jubelte ich mit etwas zitteriger Stimme mit, voll Freude über meine vier Prachtstücke, die – man traut es sich heute kaum noch so zu formulieren: *meinen Lenden einst entsprungen sein sollen.*

(Wieder einmal stellt sich mir die Frage: war unsere Sprache früher nicht um einiges reicher als unser mit Anglizismen durchsetztes Kauderwelsch heute?)

Und schon ertönte eine Stimme, man könnte jetzt fragen: aus dem On oder aus dem Off, aber doch deutlich zu orten vom Balkon über mir: *bist du da unten?* Was mir die Formulierung entlockte: ja, ich sitze in meiner *Wunderbar,* eine Formulierung, mit der ich mich selbst überraschte. Ja, die Welt öffnete sich für mich an diesem Abend einen Spalt weit in ungeahnte Tiefen.

Fannie hatte ihre helle Freude an der Szene und vertiefte diese noch, mich geistig an der Hand nehmend, indem sie mich in ein so noch nie gesehenes Bild blicken ließ: es war wie ein Wimmelbild: da tummelten sich ganze Heerscharen von Halbstarken in einem wunderbaren Palast um ein adrettes Spiegelei, alle miteinander im Gerangel, den Thronsessel auf oder im Ei als erster zu erreichen und damit die Macht an sich zu reißen. Es war so etwa, wie beim Spiel *Die Reise nach Jerusalem,* wo es bekanntlich darum geht, immer einen leeren Stuhl zu erobern.

War das geschafft, so änderte sich die Szene mit einem Schlag: der Sieger winkte leicht erschöpft, aber glücklich in die Menge der Verlierer, und ließ es sich gut gehen, während das Betreuungspersonal mit der Arbeit anfing, die da lautete: Teilen, teilen, teilen, - deutlich zu erkennen als **Bauprinzip des Lebens**.

Nicht verschweigen sollte aber auch werden, was Fannie noch zu bieten hatte: nach einigen Monaten im *innersten Palazzo da Mama* begehrte der im Schnellverfahren durch die Evolution gereifte Popanz Namens Fötus seinen Auszug aus dem Paradies und dafür die Bekanntschaft mit der rauen Wirklichkeit. Deren Präsentation war für mich schockierend: ich musste mit ansehen, wie sie allüberall hinausströmten und gar bald mit Pauken und Trompeten, singend, aber auch schwerbewaffnet gegeneinander losmarschierten, um für ein Phantom namens Vaterland ihr Leben zu opfern. Übrigens mit dem Segen ihrer jeweiligen Priesterkaste!

Ist dieses Stück Leben denn nun zum Lachen oder zum Weinen?

Darauf wusste Fannie auch keine Antwort.

Kapitel 12

Der Opalisk

In meinem Garten steht vor dem alten Apfelbaum, der da gerade noch als Aufhänger für den Supermond gedient hatte, ein Kunstobjekt, das ich nach dem Tod meiner geliebten Frau unter der Mitwirkung eines *Grabzeichen-Designers* entworfen habe in der Absicht, damit ein ganz persönliches Grabmal zu kreieren, das etwas über ihr Leben, vielleicht besser: unser Leben aussagt.

Dass es einige Zeit später statt auf dem Bernrieder Friedhof am „Fischer-Grab“, in dem meine Frau begraben wurde – und dort mit Sicherheit nicht auf mich wartet, wie das euphemistisch gern ausgedrückt wird – sondern seinen Platz im eigenen Garten gefunden hat, ist einer Instanz zu verdanken, die sich berufen fühlt, über die Einhaltung von Ordnung und Sitte auf dem Heimat-Friedhof zu wachen: dem *Gemeinderat*. In Bayern heißt das Gesicht des Todes: **das Kreuz, Amen**. Andere Ideen sind gänzlich unerwünscht, ja „wo kemma mia da hi, wenn jeder was anders hamm wui“... Nun, ich seh's mit Freuden, denn das hatte ich mir eigentlich gewünscht. So kann ich hier eine Geschichte niederlegen, die sonst wohl keinen Platz in dem Kontext gefunden hätte, doch sie handelt ja von einem Stein, gehört also im weiteren Sinn zum Thema. Wenn ich sie schon vorab in die Nähe von Goethes agathe tyche rücke, dann klingt das vielleicht etwas anmaßend, hat aber für mich vermutlich den gleichen Wunsch als Anlass: etwas Bleibendes zu schaffen, was als eine Art *„Memento gelten und nachwirken“* kann, wie es auch Goethe inspiriert haben dürfte.

Um nun nicht sprachlich allzu elegisch zu werden, habe ich mich in meinem Antrag auf Genehmigung an die Friedhofsverwaltung um eine amtliche Sprache bemüht.

Dem Leser mute ich dagegen die ganze Geschichte zu, die die Verbindung zu unserem Leben und seiner Deutung herstellen soll. Es besteht allerdings einmal mehr die Gefahr, dass mein Unternehmen bzw. seine Erzählung ausufert. Sei's drum...

> Der Stein, von dem ich erzählen will, ist mir in einer „Aquamarina" im Hotel „Ozeano" in Teneriffa in die Hand gefallen, wo meine Frau und ich in den letzten Jahren im Februar ein paar Wochen zur Abkürzung des deutschen Winters „ewigen Frühling" übten. Es ist ein in der Erde und im Feuer geborener faustgroßer Halbedelstein, den der Vulkan Teide zusammen mit seiner Lava ausgespuckt hat. Dabei ist er in zwei Hälften zerbrochen und hat einen eingeschmolzenen Opal ans Licht gebracht. Als ich die beiden Hälften in meinen Händen zusammen fügte, passten sie vollkommen ineinander. Mir fiel sofort ein Buchtitel von Bruce Marshall ein: *Alle Herrlichkeit ist innerlich,* wobei ich an die ehemalige besondere Schönheit meiner Marianne dachte, die der Gehirntumor so brutal zerstört hatte. Und ich schenkte ihn ihr als Symbol dafür.

Nun ist das nur die innere Geschichte dieses Schatzes aus dem Schoß der *„pacha mama"*, wie die meisten südamerikanischen Völker die große Erdmutter nennen. Mir lag nach Mariannes Tod daran, den Stein in unsere Geschichte einzuweben, die uns zusammengeführt hat, was wir zeitlebens als ein großes Gottesgeschenk angesehen haben. Es war für uns Beide die erste und auch einzige Liebe in unserem Leben, die schließlich auch erst der Tod getrennt hat. So sind die Kreise, die die beiden Steinhälften einfassen, ein Ausdruck für unsere innige Verbindung, wie sie auch im Text des wunderbaren Kanons aufklingt, den die Pilger auf dem Jakobsweg singen und den wir auf unserer Wallfahrt nach Chartres mit großer Dankbarkeit im Herzen mitsangen:

Verschlungene Pfade, Schatten und Licht,

alles ist Gnade: fürchte dich nicht!

Die beiden vergoldeten Mittelringe bilden zusammen eine liegende Acht, eine Lemniskate, das Zeichen für *Unendlichkeit* als unsere Verheißung.

Ja, und dann gibt es da noch einen Stein aus dem Schoß von Mutter Erde. Es ist ein in einem Vulkan gewachsener gut einen Meter großer Pyrit aus Vietnam, der ebenfalls im Dienst der Heilung den Weg zu uns gefunden hat und mit seiner Wärmestrahlung meiner Marianne als steinerner Medizinmann etwas Erleichterung verschafft hat. Er steht jetzt allein als Grabstein auf ihrem Grab, sozusagen als materieller Anhaltspunkt für eine Urne mit ihren sterblichen Überresten, ein, wie ich meine, ganz passender Zweiklang, aber eben örtlich getrennt von einander, was unserer Auffassung über materielle Endlichkeit und spirituelle Unendlichkeit durchaus entspricht.

So erweist sich, dass auch in unserem Leben besondere Steine zumindest eine Weile noch als steinerne Grabwächter einen Duft von *gewesenem guten Leben* wachhalten werden; angesichts der handfesten Fakten möchte ich dabei aber nicht vom Stein der Weisen sprechen.

Kapitel 13

Stoa

So langsam und fast unbemerkt ist mein Reisebericht rund um das *Mare Nostrum* an sein vorläufiges Ende gelangt. *Das Krähennest* hat längst ausgedient, die tatsächliche oder auch nur eingebildete Pflicht zum Aussingen von Neuland ist damit erfüllt. Was ich jetzt noch zu sagen hätte, wie es Reinhard Mey so trefflich formuliert und musikalisch interpretiert hat, ist zwar nicht wie bei Mey in Zigaretten zu messen, aber doch absehbar.

Ich habe es zwar kaum selbst erwartet, aber als Wegpunkte haben doch immer wieder Steine gedient, und auch meine neue Kapitel-Überschrift fügt sich da nahtlos ein, denn das Wort STOA gibt es sowohl im Griechischen wie im Bairischen, und ein recht seltsamer Einfall meines Dramaturgen hat sie gerade erst zumindest sprachlich aneinander gekoppelt. Den griechischen Begriff Stoa, der in der Agora von Athen die Wandelhalle bezeichnet, in der die Anfänge unserer Philosophie liegen – was am Wort *Stoizismus* noch immer ablesbar ist – kennt man noch immer, oder besser: er ist erneut wieder modern - (manche können sich dabei die Bemerkung nicht verkneifen, dass von dieser Philosophie-Richtung auch der in Bayern wohlbekannte Begriff "Sturheit" herkommt). Weniger bekannt ist wohl, dass ein Künstler Namens Bernd Zimmer auf einem Feld bei Polling hier in der Nähe eine Idee verwirklicht hat, in der die alte Wandelhalle Athens wieder auflebt. Er hat seine Bildhauer-Kollegen der ganzen Welt eingeladen, eine Säulenhalle als Kunstobjekt zu schaffen. Das Projekt steht eindeutig unter dem Titel Stoa mit dem Zusatz 169, was die anfangs ins Auge gefasste Zahl an Säulen angibt. Davon sind inzwischen schon 121 aufgebaut, so dass schon ein beachtlicher Besucherstrom diese Kuriosität besucht und die Säulen-Halle "bewandelt". Allerdings besteht nach meinen Informationen vom Ideengeber her nicht die Absicht, einer neuen, oder auch der bestehenden Philosophie neuen Auftrieb zu geben. Insofern erlaube ich es mir, das Ganze doch als Kuriosität einzuordnen. Immerhin ist auf so einer ausgedehnten Lebensreise Kurioses ja auch eine erfreuliche Bereicherung des Speisezettels.

So passt es meines Erachtens auch ganz gut in die Landschaft, wenn ich als Gast aus dem Krähennest noch einen guten Ratschlag mitgebe: zum "Abischwoabn" gibt es sogar auch einen Schnaps mit dem Produktnamen "Stoa": es ist eine Privat-Destille in Niederbayern, wo dieser Wacholder-Gin gebraut wird und im Internet von Interessenten eben unter dem Suchnamen *Stoa* gefunden werden kann. Die Frage, ob ich dieses Destillat *als letztes Glas im Stehen* empfehlen kann, ist eine reine Geschmacksfrage und wird somit nicht beantwortet!

Bei nochmaligem Nachsinnen komme ich freilich zu dem Ergebnis, dass mein Urteil da doch etwas zu hart ist. Wenn ich mir so vergegenwärtige, wie wenig in unserer Zeit wirklich kommuniziert wird, so ist es doch recht bemerkenswert, dass da einer die Idee hatte, so eine Stoa in die Landschaft zu setzen, die wie eine offene Kunstausstellung den teilnehmenden Künstlern die Möglichkeit bietet, einen Gedanken bildlich gestaltet zur Diskussion zu stellen, mindestens als Denkanstoß öffentlich zu machen. Das Problem gibt es ja in jeder Ausstellung gesammelter Kunst: man hat als Betrachter am Ende seines Rundgangs jeweils immer nur maximal eine Handvoll von Kunstobjekten, die „hängen geblieben" sind, die einen besonders angesprochen haben, mit denen man sich bestenfalls noch weiter gedanklich beschäftigt. Das ist der Preis, den wir *für die Vielfalt* zu zahlen haben: unser Speicher wäre vielleicht sogar groß genug, aber auf der Beziehungsebene hat kein Austausch stattgefunden, die Sensoren unseres Aufnahmegeräts haben schlicht nur auf wenige Säulen angesprochen. Das ist also ganz normal und lässt alle Türen offen, das heißt: was sich dann aus dem Angebot entwickelt, bleibt dem freien Spiel der Kräfte überlassen, es gibt kein definiertes Ergebnis-Ziel. Vor allem gibt es kein „besser" und kein „schlechter", nur ein „anders", was voll im Sinn des neuen Umgangs miteinander ja ein großer Fortschritt wäre!

Nach dieser eher heiteren Episode fühle ich mich verpflichtet, noch einen Trinkspruch drauf zu setzen, und da darf es bei allen gehabten Fährnissen meines Lebens schon etwas Anspruchsvolleres sein als ein Steinbrand.

Al Gusto! Habt Freude daran!

Kapitel 14

Muse „Weib“

Erneut fühlte ich mich heute Morgen fast schon etwas unsanft von hinten gestupst, wie es die Hunde machen, wenn sie spielen wollen, allerdings nicht wie ich es von Fanni her gewöhnt bin, mit jugendlichem Überschwang, sondern mit spürbar nachdrücklichem Ernst, gerade schon so an der Grenze zum Unmut. Ich hatte gerade beschlossen, meine Suade zum Steine-Thema nun endlich abzuschließen und wollte schon die Muse *Polyhymnia* bitten, mir beim Anstimmen des Schluss-Akkords zu helfen, da erregte die mir noch weitgehend unbekannte stupsende Muse auf diese nachhaltige Weise meine Aufmerksamkeit. Diesmal erkannte ich jedenfalls dazu ziemlich eindeutig die Stimme meiner Mutter, die mein Lehrmeister in Sachen Spruchweisheiten aus der deutschen Literatur und ganz speziell aus der Bibel gewesen ist, und es waren auch nur zwei Worte, die ich verstand: das **„ewig Weibliche“.** Und Stupsi, wie ich in meinen Kindertagen gern genannt wurde, fing auch sofort den hingeworfenen Knochen auf: *Da war doch etwas Wichtiges in deinem Leben, das du bisher vernachlässigt hast,* so verstand ich den Wink, und schon war ich aus meiner Matratzengruft gekrochen und begann noch im Schlafanzug im Computer nach dem *Ewig Weiblichen* zu fanden. Ach ja, wieder einmal Goethe, natürlich Faust, allerdings Faust II, den ich bisher vernachlässigt hatte, sagen wir: geschlabbert. Irgendwer hat mir eine Entschuldigung ausgestellt des Inhalts, dass darin nur wirres Zeug stünde, das ich vielleicht lesen könne, wenn ich einmal pensioniert sei. Nun, jetzt war es so weit, und so war gestern für mich *Faust-Kampf II* angesagt und wurde auch abgehakt. Und das mit unerwartetem Gewinn, den ich wenigstens in Kurzform weiter geben will.

Ich sollte vielleicht vorausschicken, dass ich eigentlich kein Goethe-Fan bin. Ja, mein Vater war das, seine Bibliothek strotzte nur so von Goethe'schem, von und über den verehrten Meister, so dass darunter mein Zugriff von Anfang an „nur fallweise“ erfolgte. Faust II scheint aber auch in den Dramaturgen-Burgen der deutschen Theaterlandschaft zurzeit nicht gerade der große Renner zu sein, jedenfalls ist das „fallweise“ nie eingetreten.

Andererseits gebietet es schon meine Literatur-Begeisterung, dass ich wenigstens an dieser Stelle meinen *geharnischten Protest* zu Protokoll geben muss gegen die Geschmacklosigkeit, ja Unverschämtheit eines Filmtitels wie *Fack you Göthe,* bei dem sich in jedem anständigen Magen alles umdreht.

Doch ist das bitte als Nebenbemerkung zu notieren, mein eigentlicher Anstoß zu diesem Kapitel ist neben dem *Musen-Stups* der dringende Apell, ein Versäumnis nachzuholen, das nicht nur aus strategischer Sicht geboten erscheint, sondern mir ein echtes Herzensbedürfnis ist: eine Grundsatzerklärung zum Krieg der Geschlechter und eine tiefe Verbeugung vor dem Weiblichen.

In dieses hehre Thema mag eine kleine Geschichte einführen, die ich provoziert hatte und in völlig unerwarteter Form zurück vor die Füße gekippt bekam.

> *Es war bei einer Firmenfeier, bei der einer aus der Alpha-Männchen-Riege sein Jubiläum feierte: Abendveranstaltung in noblem Ambiente und mit reger Beteiligung. Ich galt damals als aufstrebende Führungs-Nachwuchskraft und wurde von einem Kranz schöner, aber verblühter Damen hofiert, die oft ihr Leben in den Dienst eines der Patriarchen gestellt und deswegen damals auch noch als*

> *Fräulein tituliert wurden. Das Gespräch berührte den Komplex „des Lebens Rollenspiele", zu dem ich ganz harmlos die Bemerkung beisteuerte, dass ich im Grunde lieber eine Frau geworden wäre. Damit war ich aber völlig daneben, ja richtiger: unten durch, und auch meine Begründung dafür, dass ich der Überzeugung sei, dass eine Frau deutlich stärker am Wesentlichen des Lebens teil habe als ein Mann: nämlich an seiner Weitergabe. Damit hatte ich aber ungewollt den gesamten Hühnerhaufen der kinderlosen Fräuleins fast tödlich beleidigt.*

Ähnliches ist mir später noch einmal passiert, wenn auch aus anderem Anlass. Es war auf einem kleinen Fischmarkt an der Costa Brava, wo meine Crew und ich zu einem feudalen Abendessen an Bord dem Smut einen anständigen Fisch aussuchten. Es war auf dem Markt nicht viel los, aber uns war schon aufgefallen, dass die Fischweiber so viel zu tuscheln und zu lachen hatten. Das geschah, wie es des Landes Brauch ist, auf Katalanisch, das wir natürlich nicht verstanden. Bis auf unseren „Bord-Ornie" – diesen Spitznamen hatte er von uns bekommen, der als studierter Biologe und ganz speziell Ornithologe als einziger ganz gut katalanisch verstand und auch sprechen konnte. Davon machte er auch Gebrauch und warf den Weibern ein paar deftige katalanische Brocken zu, mit dem Erfolg, dass diese kreischend auseinanderstoben. Sie hatten vorher wohl die tolle Beute an fremdländischen Herren-Seglern schon unter sich verteilt und fühlten sich plötzlich beim „Vernaschen erwischt". Dass einer sie verstehen könnte, war allerdings kaum vorhersehbar. Unseren Fisch mussten wir daraufhin von Bord eines der einlaufenden spanischen Fischerboote kaufen, denn die Stände der Frauen waren nicht mehr besetzt, die Frauen spurlos verschwunden.

Nun ist der *Genderismus* ja gegenwärtig anscheinend ein Thema von erstrangiger Bedeutung, darüber hinaus auch hochbrisant, so dass der Ausdruck *Krieg der Geschlechter* mir nicht allzu übertrieben erscheint. In meinem Leben hat er sich freilich nie abgespielt, weder im Privaten noch im beruflichen Umfeld. Dabei vertrete ich auch heute noch eine ausgesprochene Altherren-Meinung dazu: das Beste, was einer Familie passieren kann, zumindest wenn es aus der Sicht der Kinder betrachtet wird, ist nach meiner Meinung, dass sie in ihren ersten Lebensjahren eine Mutter haben, die für sie immer da ist und das auch als ihre schönste Berufung ansieht. Dabei geht es erst mal nicht um so hochtrabende Begriffe wie Patriarchat und Matriarchat, sondern um eine Frage der Arbeitsteilung: wer kann was für wen am besten? Das sollte schon ganz zu Anfang einer auf Dauer angelegten Beziehung die gemeinsam zu beantwortende Frage sein, denn in diesen ersten Jahren sollte das Wohl der Kinder der ausschlaggebende Faktor für eine Familien-Gemeinschaft sein. So haben es meine Eltern gehalten, so haben meine Frau und ich es gehalten, und so kann ich es auch nur weiterempfehlen, denn es war die Basis für das Familien-Glück, also sowohl für die Eltern, erstrecht aber für die Kinder.

Ich weiß, dass dagegen vieles spricht, vor allem wirtschaftlich, aber auch in Zusammenhang mit dem Thema *Gleichberechtigung,* doch weiß meine „Sophie" (meine Lebenserfahrung), dass ein Leben nur so gut gelingen kann, wie es für alle Beteiligten, will sagen: für Jeden, maximale Möglichkeiten zu der Entfaltung der in ihm steckenden Anlagen und Fähigkeiten eröffnet. Das, ich sage es noch einmal, sehe ich als wichtigste Voraussetzung an für ein glückliches Leben.

Dass ich diese kleinen Geschichten hier eingestreut habe, soll aber auch ein Ausdruck meines „generellen" (!) Unbehagens sein, das mich zunehmend befällt, wenn ich an die ausgesprochen schiefe, ja erbärmliche Rollenverteilung der Geschlechter beim Thema Fortpflanzung denke: Ohne jetzt ins Detail gehen zu wollen, scheint mir da in dem Schöpfungsgeschehen von Anfang an etwas aus dem Ruder gelaufen zu sein. Dazu passt sehr gut die inzwischen weitgehend eliminierte Geschichte, dass Adam zuerst eine andere, ihm ebenbürtige Frau namens Lilith gehabt habe, die ihn aber sehr schnell wegen seines patriarchalischen Gehabes verlassen habe. Für empfindsame Spurensucher im Staub der Geschichte ein echter Leckerbissen, und keineswegs nur eine verrückte Posse! Ich versteige mich deshalb auch gern zu meiner Lieblingsthese, dass das männliche Prinzip sehr viel mehr Unglück über unseren Planeten gebracht hat als das weibliche. So verstehe ich auch die Zeilen in Faust II, die Goethe dem Chorus Mysticus zugeschrieben hat:

Alles Vergängliche ist nur ein Gleichnis,

Das Unzulängliche, hier wird's Ereignis,

Das Unbeschreibliche, hier ist's getan,

Das Ewig-Weibliche zieht uns hinan!

Auch darüber hinaus ist der Faust eine Offenbarung für alle Freunde von *Dichtung und Wahrheit*; gerade ältere Semester können darin viel Erhellendes, Erhebendes und auch Erheiterndes finden.

Vermutlich werden meine Leser spüren, dass ich mich nur mit Mühe vom Altmeister lösen kann. Vielleicht gelingt es mir mit seinem Erlösungsspruch, den die Engel an seinem Ende für Faust bereit haben:

Wer immer strebend sich bemüht, den können wir erlösen.

Das war auch meines Vaters Credo.

Wenn ich schon bei so grundsätzlichen Themen bin, die mir als wichtig zur Weitergabe erscheinen, so sind es die drei Patent-Schlüssel, die sich in m e i n e m Leben als tragende Säulen herauskristallisiert haben, die ich an dieser Stelle wenigstens kurz vorstellen will:

> **Die Freude an der Freude: haben und machen!**
> **Die Gelassenheit als innerer Halt und Sinnfindungspunkt.**
> **Die Harmonie im Konzert des Zusammenlebens.**

Darüber ließe sich jetzt weiter trefflich streiten, was aber nicht der Sinn der Sache ist. Ich will damit nur den Versuch machen, m e i n e n Weg zu beschreiben, der, auch da wiederhole ich mich, für mich zu einem fast unverschämt glücklichen Leben geführt hat, aber deshalb noch lange kein *Königsweg* für Alle ist.

Damit bin ich jetzt allerdings von meiner Kapitel- Überschrift ein ganzes Stück weggekommen: *Das ewige Weib*. Weiter oben habe ich ja schon einmal geoutet, dass mir die durchweg patriarchalische Dogmatik der christlichen Religion missfällt, ja schon körperlich gegen den „Strich" geht, womit ich jetzt das Kreuzzeichen als Bekenntnis zum göttlichen Männertrio „Vater, Sohn und Heiliger Geist" meine. Ich kann einfach nicht ernst nehmen, dass eine Religion nur einen *männlichen Gott* anbietet, wenn auch diesen gleich in drei Personen. Die damit verbundene Zurücksetzung der Frau empfinde ich als Beleidigung der Schöpfung und Erniedrigung des weiblichen Prinzips, und ich wundere mich nicht, dass sich inzwischen auch die Frauen, die über Jahrhunderte trotz ihrer

Zurücksetzung die wesentliche Stütze des christlichen Glaubensdogmas waren, jetzt (endlich) in Scharen aus der Kirche austreten.

Nach meiner Vorstellung kennzeichnet die Vertreibung aus dem Paradies den Beginn unserer dualen Existenz, damit auch die Trennung nach den Geschlechtern, aus der evidenten Notwendigkeit, das arterhaltende Geschäft der Nachwuchsgewinnung beiden Geschlechtern gemeinsam anzuvertrauen. Wenn es nach mir ginge, dann hätte ich gern noch eine Bezeichnung für den ganzheitlichen Begriff, das heißt als Begriff des *Genetischen*, das wir ja in unserer Sprache ohnehin schon in der verschiedensten Kombination verwenden, man denke nur an das Beispiel *Genie oder Generation;* mir ist da auch eine andere Wortbildung eingefallen: Alltrum als Ergänzung zu der Wortgruppe mit Neutrum, aber obwohl das All ja schon einen Entsprechung im Wort *Weltall* hat, klänge das doch wohl sehr gewöhnungsbedürftig.

Das mag jetzt etwas weit hergeholt erscheinen, aber wirklich wichtig wäre in meinem Verständnis, dass das Geistige, Spirituelle nicht mit der Diskussion um den Komplex *Geschlecht* belastet wird, die sich schon im **materiellen** Bereich als so schwierig erweist.

Kapitel 15

Der Rosenkranz als Symbol der Ganzheit

Aufmerksamen Lesern ist vielleicht noch in Erinnerung, dass nach einem morgendlichen Inspirationsbesuch meine Fannie mir das Stichwortpaar *„Rosenkranz/ Kinder"* zugespielt hat. Ich habe damals selbst nicht so ganz verstanden, was sie damit meinte, aber das ist so ihre Art; vermutlich weiß sie schon, dass ich mir ohnehin nicht alles merken kann. Ich umgekehrt glaube mich schon darauf verlassen zu können, dass sie mich zu gegebener Zeit noch einmal erinnern wird.

So ist es auch heute wieder geschehen, dass ich auf meinem Inspirationszettel, dem *I.D.-Albumblatt*, diese Stichworte wiederfand. Bei dieser Gelegenheit möchte ich sie einmal besonders loben, denn zurzeit ist sie so eifrig bei der Sache, dass ich am Morgen kaum noch mitkomme, die nächtlich bekritzelten Blätter einzusammeln. Nun ja, auch ein völlig überraschend vom Zaun gebrochener Krieg wird nach nun schon viermonatiger Dauer zum gewohnten Alltag. Das macht dann den Kopf wieder etwas freier für Anspruchsvolleres.

Zur Erinnerung: ein Rosenkranz ist eine Art von Gebetsmühle, um dem heute ziemlich selten gewordenen Mantra-Gebet zur Jungfrau Maria, der damit im Volksglauben eine etwas verunglückte Ersatzform für Göttlichkeit untergeschoben wurde, einen Leitfaden zum manuellen Mitzählen für die Beter zu geben. In meiner Jugend gehörte dieses aus Perlen bestehende Gebilde zur Grundausstallung jedes Erst-Kommunionskinds. Auch ich habe es zu diesem Anlass bekommen; es ist möglich, dass die Perlen aus Bernsteinkügelchen gewonnen waren und deshalb hatte ich sie in diesem Zusammenhang erwähnt. Da aber das Rosenkranzbeten als eine religiöse Duftnote von alten Mütterchen galt, das bevorzugt am späten Nachmittag als Volksgemurmel die schon im Halbdunkel dämmernden Kirchen erfüllte, war es für uns Jungens unter unserer Würde, daran teilzunehmen.

Doch mit dem Hereinbrechen der Quantenphysik bekam dieses Rundgebet plötzlich einen anderen Nimbus: zumindest in meinem Denkgebäude entwickelte es sich als Symbol für Gedanken des *Alles hängt mit allem zusammen, wir selbst sind nur ein Teil eines großen Ganzen, also etwa so, wie die Perlen in der Kette des Rosenkranzes.* Ob das für das Beten dieses Mantras zu einer Renaissance geführt hat, weiß ich nicht – es ist bei der allgemeinen Kirchenflucht eher nicht zu vermuten - , aber als Symbol des neuen Weltverständnisses gefällt es mir gut, auch oder sogar weil damit unsere Endlichkeit wieder mehr ins Bewusstsein tritt. Unsere Aufgabe in diesem Dasein ist in erster Linie die Weitergabe des Staffelstabs des Lebens; dafür gewinnen wir aber auch wieder mehr Vertrauen in die Verheißung, dass nichts verloren geht, dass das Runde auch das Ewige einschließt, anders ausgedrückt: dass unsre gegenwärtige Existenzform *Dualität* nur ein Zwischenstadium darstellt.

In diesem Licht bin ich versucht, mein Leben noch einmal aufzurollen, wozu mir meine Fannie auch vehement zuredet, doch will ich mich nicht der Gefahr aussetzen, dass mir das gleiche Schicksal wie dem verehrten Doktor Faustus widerfährt und mir der Hang zu wirrem Zeug untergeschoben wird.

Kapitel 16

See ------SEELE

Doch ist da noch ein Versprechen einzulösen, bei dem ich, als ich es gab, selbst noch nicht wusste, wie ich das bewerkstelligen sollte. Ich könnte nun noch einmal meine Fannie zu Hilfe rufen, aber damit würde ich der Sache nicht gerecht. Denn so hilfreich sie auch sein mag, so sehr habe ich das Gefühl, dass wichtige, ja entscheidende Anstöße für ein Fortschreiten auf dem Weg der Weisheit immer von außen, besser: von oben kommen. Um aber die Bühne meines bisherigen Spiels nun nicht zu desavouieren, rufe ich als letzte meiner Figuren ***Sophia*** auf die Bühne meiner *Commedia Humana*. Einen Namen sollte der gute Geist schon haben, der da als *Psychopompos* Regie führte, wie es die alten Griechen schon so ausgedrückt haben, der Seelenführer.

Das so verführerisch vertraut klingende *„Pompöschen"*, das ich ja gelegentlich verwendet habe, bitte ich jetzt einmal gedanklich zu streichen, denn das klingt mir doch zu sehr nach Kasperltheater, obwohl ich davor warne – heute muss man ja vor allem warnen – die Kasperlbühne als erste Inspirationsquelle in unserem Leben zu unterschätzen. *Inspiration*, das ging mir erst vor Tagen als eine dieser Morgengaben meiner seltsamen Meditationen auf, ist zusammen mit *Inkarnation* der Beginn unseres Lebens, das Einhauchen des göttlichen Odems, wie es die Bibel ausdrückt, man mag es den Geist oder auch die Seele nennen, das sind ja nur Worte zum Umgang mit dem Unsagbaren. Dazu führte mich mein Pompos zu einem Vortrag im Internet, der von dem Jenseits als dem

Ozean der unendlichen Möglichkeiten handelte. Ist das nicht ein guter Aphorismus, besser: ein *Euphorismus* für Unendlichkeit und Seelen-Heimat?

So drängt sich das Bild als Metapher schon von ganz alleine auf:

Der Tod ist das Öffnen der Türe zum Jenseits,

oder : die Rückkehr unserer Seele in die Heimat Ozean.

Nachdem der Himmel als Sitz des Göttlichen inzwischen ausgedient hat, ist Ozean für mich ein etwa adäquater Begriff.

So ist nun dank meines Seelenführers mein Poem aus dem Krähennest unversehens gar zu einer Art Seelen-Logbuch geworden. Die Losung aber heißt weiterhin:

Land ist in Sicht, Heil heißt die Verheißung.

Na, und von hier bis zu der so fremd klingenden Assoziation ist es nicht mehr weit:

Die Worte *See und Seele* vermitteln nicht nur eine sprachliche Verwandtschaft, sie sind - natürlich – beide Teile des Ganzen, und sie sind eng miteinander verwandt.

Hierzu füge ich den Meditationstext von Willigis Jäger an, der diesen Gedanken wunderbar beschreibt.

Wo gingen die Menschen hin, als sie starben?

Wo gehen die Wellen hin, wenn sie in den Ozean zurückkehren?

Sie kehren zurück in den „Ozean Gott". Unser Ich hat vor dem Zurückkehren Angst, aber wir gehen in eine umfassendere Erfahrung. Unsere wahre Identität ist das Weltmeer, nicht die Welle. Ob und wie die Welle weiterlebt, wenn sie in den „Ozean Gott" zurückkehrt, wissen wir nicht. Wir gehen in eine neue Seinsweise, sagt uns die Auferstehung Jesu. Etwas viel Gewaltigeres erwartet uns nach dem Tod. Wir können uns dieses Neue mit unserem begrenzten Ich nicht vorstellen. Es ist eine Geburt in ein größeres Leben, in eine Fülle, von der wir keine Ahnung haben können, weil unsere Ratio zu eng ist. Es öffnet sich ein Tor, wenn wir sterben, es schließt sich nicht ein Tor. Nur in dieser Zielvorstellung macht das Leben Sinn. Eines Tages, wenn wir ein tieferes Verständnis erlangt haben, werden wir unseren Tod feiern, wie wir unsere Geburt feiern.

Willigis Jäger

Ausklang

Es gibt im Lukas-Evangelium die Geschichte des Sehers Simeon, mit dem das Weihnachtsgeschehen abschließt. Mich hat seine Botschaft, die man auch als Prophetie bezeichnet, immer ganz besonders berührt. Es ist sein Dank an Gott, dass er das Wunder der Geburt des Retters und *Heilands* in seinen alten Tagen noch erleben durfte. Auch heute habe ich seine Botschaft noch im Ohr. Ich möchte sie als meinen Abschied aus dem Krähennest auch unter mein Lebens-Logbuch setzen und bitte, das nicht als eine anachronistische Entgleisung anzusehen; es ist viel mehr ein Gebet:

> Nun entlässt Du Deinen Knecht in Frieden, denn meine Augen haben das Heil gesehen.

Mein Herzenswunsch ist es, dass mein Motto ***Land in Sicht*** für das Raumschiff Erde zur prophetischen Botschaft wird, etwas bescheidener formuliert, dass mein Logbuch dazu beiträgt,

> dass das Raumschiff Erde, wie einst die Arche Noah, seinen Kurs **ins gelobte Land der Freude, des Friedens, der Freiheit und des harmonischen Miteinanderlebens findet und die Menschheit nach der gegenwärtigen Epoche des Unheils im Fortschreiten vom Homo ökonomikus, des Homo prudens, des Homo ludens doch noch als Homo sapiens ins Ziel gelangt.**

Manfried Fischer

Bernried am Starnberger See

im Juli 2022

Morgen am Teide.

Nenne mir Muse den Berg, den

Beherrscher der sonnigen Insel,

der sich erhebt aus den Fluten

des zeitlos anbrausenden Meeres,

Deutschlands Gebirge und Spitzen

mühelos er überragt sie.

Früh am Morgen ihr seht ihn,

wenn es das Wetter denn zuläßt:

Rosenfingrige Eos

umspielt den jungfräulichen Busen.

Während Apoll sich schon rüstet

und einspannt die feurigen Rosse

für seine Fahrt des Triumpfes,

dem Sieg über nächtliches Dunkel.

Großmütig schenkt er sein Strahlen

Allen, die danach lechzen

Und Leben und Kraft daraus schöpfen –

Schenkt es ohn` jegliche Rechnung.

Dankbar, ihr lieben Gefährten,

erfreut euch des göttlichen Schauspiels!

Von Manfried Fischer sind beim Rediroma-Verlag erschienen:

"Den Wind in der Hand", mein Leben unter Segeln
ISBN 978-3-86870-346-7

Laurentiustränen
ISBN 978-3-86870-444-0

Glück und Glas
ISBN 978-3-86870-540-9

Leben im 20sten Jahrhundert
ISBN 978-3-86870-789-2

Achtung: Baustelle!

ISBN 978-3-86870-941-4

Nachlese

ISBN 978-3-96103-189-4

Nanne, die Königin von Saba

ISBN 978-3-96103-425-3

Von der Front

ISBN 978-3-96103-545-8

Bernried und die glücklichen Umstände
ISBN 978-3-96103-806-0

Freude contra Frust
ISBN 978-3-98527-138-2

Hermann F. Fischer

(als Autor : Manfried Fischer)

Geb. 1934 in München

Bildung: Humanist. Gymnasium; Studium der Betriebswirtschaft. Dipl.Kfm.

1959 bis 1995 tätig bei Siemens in München, zuletzt als Chefberater und Direktor zuständig im Zentralbereich Personal für die Personal-Politik; Verheiratet, 4 Kinder, katholisch. Seit seiner Pensionierung Schriftsteller, bisher 14 autobiogr. Bücher, alle bei Rediroma-Verlag erschienen. Lebt in Bernried am Starnberger See.

Angebot an meine Leser:

Als alternder Autor leide ich daran, dass mein Hineinrufen in den Wald, hier besser: das Aussingen meiner Bo(o)tschaften aus dem Krähennest, nur ganz selten ein Echo aus meiner Leserschaft findet. Um diesem „Einbahnstraßenverkehr" abzuhelfen, lade ich meine Leser ausdrücklich dazu ein, mit ihrem Autor, mittels E-Mail Kontakt aufzunehmen, wenn sie einen Kommentar abgeben, eine Kritik äußern, eine Frage stellen oder eine andere, möglicherweise gegenteilige Erfahrung berichten wollen. Ernsthafte Zuschriften will ich nach Möglichkeit auch beantworten

E-Mail Adresse: manfried-fischer@t-online.de